JOSÉ MANUEL VEGA BÁEZ

RUMBO
a la CIMA
10º Aniversario

Sé un líder de alto desempeño

GRUPO NELSON
Una división de Thomas Nelson Publishers
Desde 1798

NASHVILLE DALLAS MÉXICO DF. RÍO DE JANEIRO

Editora en Jefe: *Graciela Lelli*
Adaptación del diseño al español: *Grupo Nivel Uno, Inc.*

ISBN: 978-1-60255-320-0

Impreso en Estados Unidos de América

13 14 15 16 17 BTY 9 8 7 6 5 4 3 2 1

Dedico esta obra a las personas que han enriquecido mi trabajo con sus aportaciones, a las que han respaldado mi trabajo con su confianza y a las que han nutrido mi trabajo con su amor.

CONTENIDO

INTRODUCCIÓN

Si has abierto este libro es porque te interesa el tema de liderazgo y te felicito por ello, ya que estoy convencido de que el mayor problema que padece nuestra civilización en la actualidad es una profunda crisis en esta materia.

Por fortuna, el liderazgo es una pericia que puede perfeccionarse y en este momento tienes en tus manos una poderosa herramienta para hacerlo: un singular libro que es producto de la combinación de una emocionante narración deportiva y de una efectiva metodología de aplicación inmediata.

Y que conste que no lo digo yo, sino miles de personas que desde 2002 han leído *Rumbo a la cima*[1] —obra calificada en Amazon.com como «la mejor y más completa novela de liderazgo escrita en el idioma español»—, y cientos de individuos que desde 2004 han cursado los «Programas de asesoría en liderazgo vía internet», impartidos por SerieCima.com.

Con este sólido respaldo de varios años de experiencia y gran cantidad de gente beneficiada, puedo asegurarte que si te involucras a conciencia en la trama literaria, y si resuelves con responsabilidad las actividades y los ejercicios integradores planteados, conseguirás desarrollar permanentemente tu capacidad de liderazgo en favor de quienes te rodean.

¿Acaso el perfeccionamiento del liderazgo propio no es una excelente manera de contribuir a atenuar la crisis de la que hablamos? Entonces, ¡manos a la obra! Pero antes permite que te brinde algunos consejos para que obtengas el mayor provecho:

Realiza las actividades y ejercicios en el momento en que se te pida, para lo cual debes suspender la lectura.

Dedica un tiempo específico sin distracción; revisa el material en calma y solo.

Después de cada actividad y ejercicio aplica de inmediato lo aprendido en tu ámbito laboral, familiar y social.

Una vez que hayas puesto en práctica tus conocimientos regresa a la lectura.

¡Acepta el reto de vivir la experiencia que este libro te propone! Ya verás que en cuanto comiences a ver los resultados serás el primero en recomendarlo.

José Manuel Vega Báez
info@seriecima.com
www.seriecima.com

I

LA INVITACIÓN

Me llevé ambas manos a los costados de la cabeza y presioné con fuerza, cuando sentí que el dolor amainaba, parpadeé varias veces y llamé a la puerta. Apareció un mozo cuyos magníficos modales lo hacían parecer un caballero.

—Sígame, por favor. El doctor Osborne lo espera.

—Gracias.

Era inusual que mi maestro me hiciera llamar con tanta urgencia, pues desde el momento en que enfermó repentinamente, no solía recibir visitas ni hablar con nadie. Sus más fieles seguidores no dejábamos de preguntarnos qué le había ocurrido en aquel viaje a Europa del que regresó en silla de ruedas.

El mozo me condujo a una enorme habitación hexagonal en cuyo fondo se dibujaba un elegante escritorio con su sillón de visitas. Junto a los escasos muebles se hallaba mi maestro. Entré. Las dimensiones del salón vacío hacían parecer diminuto tanto al escritorio como al anfitrión; aquellas extrañas circunstancias me ayudaron a olvidar por un momento mi insoportable migraña.

—Buenas tardes doctor —lo saludé—. Me dijeron que necesitaba hablar conmigo urgentemente.

—Sí. Póngase cómodo, por favor, le tengo una noticia de las que es mejor recibir sentado.

Me acomodé con lentitud en la silla.

1

—Hay poca gente enterada de mi actual condición —comentó—, tal vez por eso me siguen invitando a eventos públicos —hizo una pausa para toser—. Aunque, le confieso que nunca en mi vida había recibido una encomienda tan importante... —prosiguió.

El misterioso acontecimiento que lo dejó paralítico había traído consigo una serie de achaques que lo estaban avejentando con gran celeridad. Volvió a toser y esta vez su tos se convirtió en un acceso de sacudidas bronquiales. Casi de inmediato surgió una mujer robusta de cabello teñido y dulce mirada que no pareció reparar en mi presencia. Como buena enfermera de cabecera se dedicó a auxiliar a su esposo suministrándole un broncodilatador. Quise acercarme a ayudar, pero me detuve: era innecesario, por lo que preferí ser discreto y esperar...

El destino siempre insistió en hacer al doctor Osborne mi mentor y yo no luché contra tal designio. Mucho tiempo atrás, cuando formé parte del equipo nacional de atletismo, él fungió como director del comité para el deporte de alto rendimiento, y desde entonces nos conocimos e identificamos. Años después, durante mis estudios de doctorado en sistemas, fue mi maestro y, posteriormente, como director del posgrado, me invitó a formar parte de su planta docente. Siendo catedrático, no olvidaba nunca algunas de sus frases favoritas:

Se recibe el título profesional cuando uno cree que lo sabe todo, se obtiene el diploma de maestría cuando uno se da cuenta de que no sabe nada y se alcanza el grado de doctor cuando uno se percata de que, además, nadie sabe nada.

Y una de las más aleccionadoras de mi labor como docente:

Educar es contagiar la inextinguible luz de la curiosidad por comprender lo que hay detrás de las apariencias...

Cesó la tos y en pocos segundos la señora Osborne desapareció del lugar.

—Bien sabe —dijo el maestro carraspeando—, que desde hace tiempo usted se ha convertido en mi brazo derecho.

—En eso pensaba —respondí—. Demasiadas casualidades han hecho de usted mi guía; sin embargo, ninguno de los dos creemos en las casualidades. Por eso estoy aquí, ¿en qué puedo ayudarle?

Levantó una carpeta que había sostenido en sus piernas y comenzó a hojearla.

—Seguramente está enterado de que nuestro país ha sido designado miembro del Consejo de Seguridad de las Naciones Unidas —explicó—. Gracias a ello ha prosperado una iniciativa que he venido planteando repetidamente en los últimos años a través de mi participación como asesor de la UNESCO: la elaboración de una campaña mundial de concienciación por el respeto al derecho internacional y a los principios activos que hacen posible a cada persona del mundo promover nobles ideales.

Quise objetar su falta de claridad, pero me limité a inclinarme hacia adelante y a escuchar con mayor atención, pues sabía que no sería la primera ni la última vez que las ideas del doctor Osborne, incomprensibles al principio, se aclararan conforme hablara.

—En la actualidad los noticiarios están llenos de amarillismo y reseñas pesimistas —explicó—; la UNESCO ha pretendido desde hace tiempo propiciar, digamos, una guerra positiva con adalides por todo el mundo que, multiplicados, enfrenten esta época de desesperanza. Sin embargo, este proyecto no había tenido el respaldo suficiente hasta ahora, en que el Consejo de Seguridad ha caído en la cuenta de que es indispensable un esfuerzo mundial preventivo que, de manera paralela, complemente sus actividades actuales y ayude a evitar una mayor anarquía y violencia social.

Moví la cabeza negativamente, seguía sin entender.

—El presidente de la república, me envió una invitación escrita para colaborar en el trabajo encomendado a nuestra representación ante la Asamblea General de las Naciones Unidas, a partir de la iniciativa de la UNESCO y con el apoyo del Consejo de Seguridad —extrajo una carta de la carpeta y la acercó a su rostro—. Si me permite, voy a leerle algunos párrafos.

Los violentos sucesos de las últimas fechas han sido provocados por fuerzas que buscan desestabilizar al mundo y crear un caos susceptible de ser capitalizado por intereses oscuros. Actos tan lamentables de los que todos hemos sido testigos nos hablan de una majestuosa maquinación que, individuos con mucha astucia y pocos escrúpulos, han cometido poniendo en riesgo la seguridad global.

Las personas están llenas de temor y hay un sentimiento mundial de impotencia; la incomprensión, el rencor, la maldad y los deseos de venganza se han diseminado como pólvora en muchos países. Estados Unidos, la Comunidad Europea y varios Estados Orientales están preocupados por la posibilidad de nuevos atentados en contra de la población civil.

Nuestro país ha asumido una responsabilidad de importantes repercusiones políticas y sociales ante la ONU en momentos de gran tensión mundial. A partir de nuestro nuevo cargo se nos ha solicitado, entre otras cosas, que coordinemos la realización de algunos trabajos concretos que brinden herramientas de cambio positivo a la sociedad en general, y se nos ha pedido que presentemos algunos documentos prácticos en los que se invite a los individuos de cada nación a multiplicar sus acciones personales para así crear un liderazgo indiscutible en su entorno más cercano capaz de contrarrestar la tendencia pesimista y anárquica que priva en la actualidad.

Hemos sesionado con los mejores asesores internacionales y sabemos que existen ciertos derroteros que deben seguirse para la realización de los trabajos. También quiero decirle que usted ha sido elegido para elaborar uno de ellos.

Dejó de leer y pasó las hojas.

—Aquí se marcan los objetivos. Son interesantes, pero —volvió a toser varias veces; la puerta contigua se entreabrió un poco y él levantó la mano para indicar a su esposa que no necesitaba más ayuda. En unos instantes, la tos cesó—. Este trabajo es algo muy grande. No estoy en condiciones... Hace un par de días llamé a la presidencia para declinar la invitación y hoy me devolvieron la llamada. El presidente no aceptó mi negativa; dijo que si me sentía indispuesto para realizar personalmente el trabajo, de cualquier manera me encomendaba la dirección del mismo, a condición de que fuera llevado a cabo por alguno de mis colaboradores.

—E... e... ese trabajo —tartamudeé—, ¿en qué consiste exactamente?

—Una vez aprobada por la Asamblea General, la ONU pretende publicar en todos los idiomas una propuesta de influencia constructiva; una especie de ABC que funcione como guía para crear pequeños líderes locales en todo el mundo, capaces de transformar para bien su microentorno.

—¡Vaya! —suspiré—. ¿Y se puede saber por qué si le apuntan a las estrellas, no eligen a los grandes líderes del mundo para dirigir y elaborar el proyecto? Usted y yo somos académicos y...

—Un momento —me interrumpió—. Ellos quieren un trabajo diferente. El liderazgo ha sido un tema manejado desde el tiempo de los grandes filósofos griegos y jamás se ha dejado de hablar de él. Visite cualquier librería y encontrará varias obras de este asunto, vaya a cualquier biblioteca respetable y hallará decenas de títulos. Mire, sobre esta mesa he puesto los mejores libros de liderazgo que se han escrito recientemente. Sé que debe conocerlos todos pero, ¿sabe qué tienen en común? Abordan el tema de la manera tradicional: parten del estudio de los grandes líderes y, con base en sus semejanzas, llegan a conclusiones que buscan perfeccionar a un selecto grupo de individuos para que se conviertan en los personajes extraordinarios del liderazgo mundial.

—Y eso, ¿está mal?

—No, por supuesto, pero ya no es suficiente. Siempre será necesario un jerarca para cada iglesia, un mandatario para cada pueblo y un director para cada empresa; sin embargo, si nuestras iglesias se cuentan por decenas, nuestros pueblos por centenas y nuestras empresas por millares, ¿de cuántos individuos estamos hablando? ¡De muy pocos! Y aun cuando tomemos en cuenta a los subjerarcas, a los submandatarios y a los subdirectores, el grupo de personas seguirá siendo sumamente reducido como para encauzar el empuje de toda la civilización. Las páginas que enviaron de la presidencia para explicarme los lineamientos del proyecto dicen, en pocas palabras, que la comisión de expertos internacionales ha determinado tres características imprescindibles para que el trabajo sea original y, sobre todo, útil. Aquí las he resumido.

Tomó una hoja y me la dio. Sentí que la migraña volvía a aparecer con algunos intermitentes golpes sordos sobre mi cabeza.

Leí el texto.

MICROLÍDERES FORJADORES DE UNA NUEVA MICROHISTORIA

Características que deberá tener el proyecto

1. *Definición de un nuevo destinatario*
   La crisis que esta generación enfrenta no tiene su origen únicamente en la falta de unos cuantos personajes extraordinarios de liderazgo mundial sino, principalmente, en la carencia de muchos personajes ordinarios de liderazgo local.
   El trabajo debe estar dirigido a todas aquellas personas que, sin ocupar los altos mandos en las más importantes organizaciones sociales, políticas o empresariales, sean responsables de conducir a otros, ya sea por conocimiento, capacidad, deseo u obligación. En cualquier grupo humano, siempre es necesario alguien que desempeñe el papel de guía.

2. *Construcción de la teoría a partir de nuevos cimientos*
   a. El trabajo no debe tratar al liderazgo como una facultad abstracta recibida de manera innata, sino como una pericia concreta compuesta de varios principios que, debidamente combinados, provoquen el resultado deseado.

b. El material no debe sugerir que el liderazgo se puede enseñar, así como la mayor parte de los saberes superiores del ser humano no pueden enseñarse. La obra deberá ser un conjunto de reflexiones que permitan a las personas aprender por sí mismas.

c. El proyecto no debe apuntar a que el liderazgo está reservado para unos cuantos personajes extraordinarios, más bien se identificará claramente un marco organizador que contenga los principios básicos y los ponga al alcance de los muchos personajes ordinarios de liderazgo local.

3. Observación directa desde el sitio mismo del ejercicio del liderazgo

Al analizar de cerca el trabajo de los grandes líderes empresariales, políticos o sociales, en sentido estricto, se puede afirmar que muchos de ellos no ejercen correctamente el liderazgo: solo son buenos pensadores y negociadores. Piensan por sus subordinados, los instruyen únicamente a ejecutar y, cuando surgen dificultades, nuevamente piensan e intervienen en otro nivel para corregir la situación.

El líder auténtico no piensa por su gente y mucho menos trabaja por ella. Así, los principios básicos se buscarán cerca de donde ocurre el verdadero liderazgo: la guerra, la expresión artística grupal o el deporte en equipo.

Volví a llevarme ambas manos a la cabeza y apreté con fuerza. Estaba descubriendo que esa enloquecedora migraña me atacaba en proporción directa a los acontecimientos que me producían estrés.

—Aquí dice —comenté—, que el trabajo deberá llevarse a cabo «desde el sitio mismo del ejercicio del verdadero liderazgo» y señala solo tres posibilidades: el deporte en equipo, la expresión artística grupal y... ¿la guerra?

El doctor Osborne asintió.

—Un general jamás tomará el lugar de un soldado ni disparará su arma —explicó—, un director de orquesta jamás se sentará en el lugar de alguno de sus músicos para tocar su instrumento; un entrenador de fútbol jamás entrará a la cancha y pateará el balón por sus jugadores... Es preciso observar de cerca a este tipo de líderes.

Reflexioné un momento y pregunté de inmediato.

—Y, para realizar este trabajo, ¿por qué no eligieron a un gran entrenador, a un músico sobresaliente o a un general del ejército?

—¿Cree que ellos serían capaces de redactar un análisis como el que están solicitando? No doctor Miravalle, me han escogido a mí por las mismas razones que yo lo elijo a usted: fui director del comité para el deporte de alto rendimiento y usted del equipo olímpico de atletismo; soy doctor en comportamiento humano y usted en sistemas sociales; he escrito varios libros prestigiosos dentro de mi campo y usted es un reconocido analista de situaciones problemáticas complejas. No quieren a grandes líderes mundiales porque buscan evitar que sus prejuicios sobre la materia contaminen el proyecto y este pueda hacerse con base en los lineamientos que acaba de leer.

Miré fijamente al doctor Osborne. Siempre había cooperado con él, pero esta vez un mal presentimiento me obligaba a ser cauteloso.

—Por lo que entiendo entre líneas deberé viajar. ¿Cuándo y hacia dónde?

—El vuelo es mañana mismo —sacó de la carpeta un sobre con boletos de avión y me los entregó—. Como sabía que no se iba a negar, hice los arreglos para ponerlos a su nombre; sé que tiene su pasaporte en orden. Además, hablé con la junta directiva de la universidad y, dada la importancia del asunto, están dispuestos a suplirlo en sus cátedras durante dos meses con goce de sueldo.

—¿París? —no pude evitar un suspiro de alivio—, por un momento creí que me enviaría a Medio Oriente. Jamás aceptaría visitar países en guerra.

—No cante victoria del todo. Aunque el objetivo de su investigación es el *Tour* de Francia, no estará exento de peligro. Se cree que terroristas extremistas desean hacer un ataque espectacular durante el certamen, dado que el gobierno francés ha aceptado participar activamente en la alianza internacional contra el terrorismo encabezada por Estados Unidos e Inglaterra. Se sospecha que el ataque será masivo y se teme que los terroristas aprovechen el *tour*, el tercer evento deportivo del mundo con mayor audiencia televisiva, únicamente superado por los Juegos Olímpicos y la Copa Mundial de Fútbol. Será una competencia muy vigilada. Irán agentes de la CIA, elementos de la policía secreta de varios países, observadores de Naciones Unidas, periodistas especializados y...

—¿Y...?

—Y usted... He hablado con un viejo amigo mío de la infancia, Dionisio Felguérez, el entrenador del equipo de ciclismo profesional español «Kelme-Costa Blanca», mejor conocido como Kelme, que participará en el *Tour* de Francia. Él será su anfitrión y usted realizará su trabajo como parte del personal de soporte del equipo Kelme, como cronista deportivo; esto le dará más facilidades para su labor.

Asentí. El espíritu aventurero despertó en mí y sonreí un poco. El doctor Osborne hizo el ademán para ponerse de pie y darme la mano, pero se quedó a medias en el intento al recordar su invalidez. Agachó la cabeza con gran tristeza.

—Doctor, usted enfermó de manera sorpresiva después de su último viaje a Europa. No le ha dicho a nadie lo que le pasó... Si alguna vez desea desahogarse, cuente conmigo, no solo soy su brazo derecho en el trabajo, también soy su amigo.

—¡Gracias! —apretó la mandíbula para simular fortaleza—, lo tomaré en cuenta. Permítame un par de comentarios finales —dijo un momento después de estrechar mi mano.

—Dígame doctor.

—Aunque le he informado que la ONU publicará este trabajo en todos los idiomas —advirtió con sigilo—, por el momento su labor debe ser muy discreta. Tome en cuenta que el terrorismo en la actualidad no solo ataca blancos públicos, sus organizaciones trabajan también saboteando cualquier proyecto que pueda representar una amenaza futura a sus intenciones de generar anarquía. Esto significa que si su verdadero propósito dentro del *Tour* es descubierto, estará en peligro. Le voy a pedir que no conserve consigo ninguna evidencia palpable del trabajo que estará realizando; periódicamente deberá obtener una nueva cuenta de correo electrónico, a través de la cual me enviará sus conclusiones parciales, marcando copia oculta para su esposa...

Lo miré con intriga al momento que un nuevo acceso de tos interrumpió su advertencia. La falta de aire era notoria y otra vez fue necesaria la intervención de su esposa. En esta ocasión la recuperación demoró varios minutos. Finalmente mi maestro se estabilizó y su esposa nos dejó a solas.

—Como puede darse cuenta, el papel de las esposas es decisivo —rió un poco de manera entrecortada y siguió explicando—. No olvide que su esposa también fue mi alumna y obtuvo el doctorado y, aunque no tiene el mismo ritmo de trabajo académico que usted, jamás lo ha dejado de lado. Ella nos ayudará a poner orden en nuestras ideas y, más importante aun, seguramente podrá hacernos valiosas aportaciones. Cada día será más evidente para el mundo lo mucho que podemos aprender de este tema a través de la óptica de las mujeres.

El doctor Osborne hizo una pausa y me dirigió un gesto repleto de calidez fraterna.

—Tenga mucho cuidado doctor Miravalle.

—Lo tendré.

Tragué saliva.

ACTIVIDAD

Te invito a que comencemos a conocer el Modelo de liderazgo integral C3, que constituye la base formal del relato que estamos leyendo, obra que fue calificada en Amazon.com como «*la mejor y más completa novela de liderazgo escrita en el idioma español*».

¿A qué se debe este calificativo? Considero que a tres elementos:

1. El relato que estamos leyendo presenta y divulga el Modelo de liderazgo integral C3 que, como hemos de comprobar a lo largo de este libro, es una propuesta de vanguardia caracterizada por su concepción a partir de tres nuevas bases y que incluye la definición de quince principios básicos de liderazgo; ambos aspectos hasta ahora no encontrados en ningún otro trabajo similar.

2. A diferencia de otras obras sobre el tema que buscan *el mejor ejemplo disponible* para cada uno de los conceptos que tratan, sin que entre ellos exista una continuidad o un común denominador, el relato que estamos leyendo desarrolla y ejemplifica los quince principios básicos de liderazgo a lo largo de una misma trama, lo cual le brinda una gran solidez y coherencia al modelo presentado.

3. La emocionante novela que rodea a los dos puntos anteriores sirve como hilo conductor que, no solo vuelve amena la lectura, sino que motiva al lector a transitar por las páginas del libro acompañando a los personajes en cada una de las diversas situaciones a las que se enfrentan y con las que se refuerza el aprendizaje del tema.

Rescatemos de este primer capítulo las tres bases sobre las que se concibió el Modelo de liderazgo integral C3:

1. La definición de un nuevo destinatario: el trabajo está dirigido a todas aquellas personas que, sin ocupar los altos mandos en las más importantes organizaciones sociales, políticas o empresariales, son responsables de conducir a otros, ya sea por conocimiento, capacidad, deseo u obligación.

2. La construcción de la propuesta a partir de nuevos cimientos:

   a. El trabajo no trata al liderazgo como una facultad abstracta recibida de manera innata, sino como una pericia concreta que puede perfeccionarse.

   b. El material no sugiere que el liderazgo se puede enseñar, así como la mayor parte de los saberes superiores del ser humano, no pueden enseñarse, por lo que la obra es un conjunto de reflexiones que permiten a las personas aprender por sí mismas.

   c. El proyecto no apunta a que el liderazgo está reservado para *unos cuantos personajes extraordinarios*, más bien identifica un marco organizador que contiene los principios básicos de liderazgo y los pone al alcance de *los muchos personajes ordinarios del liderazgo local.*

3. La observación directa desde el sitio mismo del ejercicio del liderazgo: El liderazgo puro puede encontrarse en la guerra, la expresión artística grupal y el deporte en equipo, lugares en los que generalmente no ocurre la invasión de funciones que suele prevalecer en otros ámbitos.

Como podrás darte cuenta, sobre todo al tener la oportunidad de comparar el relato que estamos leyendo con cualquier otra obra de liderazgo que puedas encontrar en el mercado, estas tres bases marcan una clara diferencia que se percibe desde el principio del trabajo, preparando el terreno para que pueda hacer su aparición el Modelo de liderazgo integral C3, que consta de quince principios básicos de liderazgo (PBL) divididos en tres grandes conjuntos:

1. PBL relativos a la conformación del equipo: Sirven para comprender el camino a seguir e identificar al equipo con su meta y tienen por objetivo el cumplimiento de la meta.
2. PBL relativos a la conducción del equipo: Facilitan el desempeño de un equipo que busca alcanzar una meta y tienen por objetivo lograr la convergencia de los miembros.
3. PBL relativos al contenido del líder: Son aquellos elementos propios del individuo que constituyen su activo, determinando su potencial y tienen por objetivo buscar la congruencia del líder.

De esta manera, el nivel de liderazgo integral de un individuo puede evaluarse a través de tres dimensiones: la capacidad de conformar un equipo, la habilidad para conducir un equipo y el contenido de la propia persona que está al frente del equipo y su diagrama es el siguiente:

Modelo
"Liderazgo Integral C3"

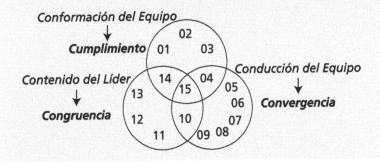

Los quince principios básicos de liderazgo son:

1. La meta
2. Los pasos
3. El resultado
4. El trabajo en equipo
5. El poder
6. La motivación
7. El mandato
8. El estímulo
9. La decisión
10. El estilo
11. Las habilidades
12. Los valores
13. Las virtudes
14. El pensamiento
15. La visión

2

LA META

A pretaba con tanta fuerza las coderas del asiento que mis brazos comenzaron a acalambrarse.

«Tranquilo» me dije, «no pasará nada».

El colosal jet intercontinental de Air France se bamboleaba con lentitud como si se tratara de un edificio lleno de asientos al que se le ha obligado a abandonar la estabilidad de la tierra de forma antinatural. Me froté las manos y cerré los ojos buscando no pensar en el pánico que me invadía cada vez que las turbulencias sacudían la pesadísima mole. Sonreí al recordar el ingenioso grafitti que leí hace tiempo frente a un aeropuerto: «¡Construyan los aviones con el mismo material de las cajas negras!».

Continué con los ojos cerrados y evoqué a mi familia...

Después de visitar al doctor Osborne, al llegar a casa, le platiqué el proyecto a mi esposa. Sobra decir que resalté su participación en el trabajo y que omití los detalles respecto al tema del terrorismo. Juntos analizamos la carpeta que me había dado el decano, así como el sobre con los boletos de avión. Cuando tomamos conciencia de que el viaje debía ser de inmediato, que me llevaría a un exilio de varias semanas, me obligaría a dejar repentinamente mis actividades al frente de la asociación de triatlón y, sobre todo, me alejaría de mis dos jóvenes hijos en vísperas de importantes competencias, permanecimos en silencio por largo rato.

—Esta travesía —reflexionó ella—, implica varios traslados aéreos secundarios. No tiene sentido arriesgarse. Desde el accidente convinimos nunca más viajar en aviones menores.

No era necesario que me recordara el accidente. Las cicatrices estaban en mi piel, pero sobre todo en mi alma... y en esos dolores de cabeza.

—De acuerdo —admití—. Odio tener que subirme a más aviones y te prometo que los traslados secundarios los haré en tren.

Saqué todos los boletos de avión del sobre y apartando los del viaje redondo por Air France, rompí el resto.

—¡Ya está! —celebré—. Al igual que en nuestros viajes a las competencias de triatlón, invertiré más tiempo pero iré pegado al suelo.

Sonrió ligeramente y la expresión de su rostro se tornó más amable.

—¿En verdad es tan importante este proyecto?

Le tomé ambas manos y la miré fijamente. Observé mucho más que unos bellos ojos, pues ella era la fuente inagotable de mi fortaleza, mi inspiración y mi amor. Sin duda me dolía separarme, pero esta vez había razones de peso para hacerlo.

—En nuestro país —comencé diciendo con el mayor aplomo que es posible tener frente a una musa—, me identifican como un extraño híbrido de intelectual independiente, fanático del deporte y catedrático de posgrado. Esto no ha cambiado mucho desde que nos conocimos en el doctorado, ¿recuerdas? Algunos me conocen por mis escritos, otros por mis triunfos atléticos y muchos más por mi estilo poco convencional de dar clases, pero aún estoy lejos de que mis pensamientos se reconozcan internacionalmente. Este trabajo puede ser la oportunidad de mi vida. Debo viajar.

—Sin embargo... —se le estaban terminando los argumentos a mi numen—, el vuelo sale muy temprano, ¿no te despedirás de los muchachos?

Me puse de pie y fui al cuarto de mis dos hijos adolescentes. No estaría con ellos en el triatlón de la siguiente semana que, paradójicamente, se llevaría a cabo en el Club Francés de la ciudad... de todo el embrollo era lo que más me dolía. Los contemplé dormidos y les di un beso sin atreverme a despertarlos. Mi esposa me abrazó para después tomarme de la mano y conducirme a nuestra recámara. Los pensamientos se fueron asentando y las preocupaciones desvaneciendo. Pasamos una noche extraordinaria...

Nuevas sacudidas acompañadas de un anuncio que anticipaba el aterrizaje próximo me hicieron abrir los ojos y aferrarme de nuevo a las coderas del asiento.

La aventura había comenzado.

En el aeropuerto Charles De Gaulle me esperaba una comitiva de la ONU. Después de las reverencias diplomáticas me explicaron que el ambiente previo al *tour* estaba un poco tenso porque había rumores de presencia terrorista. La comunidad deportiva mundial tenía los ojos puestos en la competencia que estaba por iniciar y las medidas de seguridad se habían extremado desde hacía varias semanas, en especial a partir de la llegada de los ciclistas.

Me indicaron que los planes de mi traslado habían cambiado y que haríamos el recorrido de París a Saint-Omer en una camioneta blindada, en vez del vuelo que originalmente estaba previsto. Esta inesperada medida me impediría observar el *prólogo*, etapa preliminar que determina las posiciones iniciales de la competencia.

Comencé a sentirme nervioso e inmediatamente apareció el dolor de cabeza; sin embargo, suspiré de alivio, pues de cualquier manera los pedazos de mi boleto de avión seguramente se encontraban en el fondo del bote de basura de la cocina de mi casa.

Cuando llegamos a Saint-Omer, me condujeron hasta el hotel sede y me presentaron con el señor Felguérez.

—¡Bienvenido doctor Miravalle! —fueron sus primeras palabras al conocerme—. Debe saber que le tengo una gran estimación a Osborne.

Su maestro me ha hablado muy bien de usted y me ha instruido respecto al trabajo de investigación que realizará. Siéntase como en casa, seguramente en estos días andará como todos nosotros, un poco apresurado, pero lleno de experiencias nuevas que, si logra mirar con los ojos adecuados, serán oro molido para su proyecto.

—Muchas gracias señor Felguérez —respondí—. El doctor Osborne también admira la labor que usted desempeña.

Cuando giré la cabeza, observé que la comitiva diplomática había desaparecido, y fue entonces cuando Felguérez bajó el volumen de su voz.

—Ellos quieren ser discretos para no crear más tensión, pero al aparecer y desaparecer como fantasmas logran todo lo contrario. ¡En fin! Imagine que no existen amenazas de terrorismo y disfrute del *tour*. Me dijeron que fue atleta olímpico.

—Corredor de medio fondo —aclaré—. Lo poco que sé del ciclismo lo he aprendido en los últimos años dentro del triatlón.

—No importa. De igual forma lo disfrutará, estoy seguro. En esta bolsa he puesto una selección de los materiales impresos más bellos sobre el *tour* y las ciudades que visitaremos. Estúdielos, le serán de utilidad.

Tomé la bolsa que me ofrecía. Era pesada. En una de las caras laterales aparecía un mapa del país anfitrión.

Llegamos al comedor del hotel justo a tiempo para cenar con el resto del equipo, al que me presentó como «un distinguido cronista deportivo de América». Al final de los alimentos, Felguérez dio unos minutos a sus corredores para menesteres personales y los citó en una pequeña sala con intenciones de revisar la estrategia inicial.

Aproveché esos minutos para buscar un médico, pues la migraña se había instalado con intensidad baja, pero continua.

El médico que me atendió era un francés alegre, guasón y dicharachero; me comentó que la medicina alópata intentaba resolver a ciegas problemas como el mío.

—Jugamos al tiro al blanco con los ojos vendados —rió de manera breve—, y pocas veces acertamos. Así que olvídese de fármacos

patentados, le daré las mejores fórmulas caseras y en pocos días regresará a darme las gracias.

—Estoy dispuesto a seguir sus consejos al pie de la letra si eso me quita el problema —comenté.

—Es bueno saberlo —sonrió mientras anotaba—, le recetaré el remedio de mi abuelita.

Hubo un breve silencio y, a continuación, el médico soltó una carcajada. Sonreí y tomé su receta con alegría y esperanza, pero aun cuando la consulta había terminado, no me dejó ir. Comenzó a contar chistes y anécdotas como si fuéramos viejos amigos de la primaria.

Cuando pude salir de ahí y regresé a la sala de juntas corriendo, me encontré con que Felguérez estaba terminando su reunión con los ciclistas. En el pizarrón había varias frases garabateadas. Saqué apresuradamente mi libreta de apuntes y una pluma mientras escuchaba al entrenador despedirse de su equipo:

—Esta es la *meta* del equipo. Yo no la pongo, la definen mis superiores. Todos en Kelme la conocemos y trabajamos para conseguirla, lo cual significa que debemos hacer determinadas cosas. Si alguien del equipo actúa en contra de la *meta*, ¡está fuera! De la misma manera que yo lo estaré si al final del *tour* no la cumplimos. No hay excusas, ni términos medios, la cuestión es blanca o negra. ¿Está claro?

Todos dijeron que sí.

Copié las frases del pizarrón a toda prisa.

IMPORTANCIA DE LA META

Lo único que da sentido a todo lo que hacemos es nuestra meta.

No existe otra razón por la que estemos juntos aquí y ahora.

La **meta** del equipo Kelme es ser el mejor equipo español de la competencia, terminando en uno de los tres primeros lugares de la clasificación general por equipos.[1]

Cuando todos salieron de la sala, redacté mis primeras conclusiones sobre liderazgo.

CONSIDERACIONES SOBRE LA META DE UN EQUIPO

La responsabilidad más importante que debe asumir un líder es el cumplimiento de la **meta**.

Cualquier cosa que el líder piense, diga o haga tiene sentido únicamente si ayuda al cumplimiento de la meta.

Lo anterior da por sentado la preexistencia de una **meta**.

En ocasiones el líder puede decidir la meta, pero la mayoría de las veces está sujeto a una autoridad superior encargada de hacerlo.

A lo mucho, el líder quizá esté facultado para hacer alguna propuesta o expresar su opinión. Pero, independientemente de eso, una vez establecida la **meta**, lo que siempre deberá hacer es garantizar su cumplimiento.

En el momento en que Felguérez pasó junto a mí le mostré lo que había escrito. Lo leyó interesado y después me dedicó una mirada de afecto repentino.

—Ahora entiendo por qué Osborne lo envió para realizar este trabajo. Estoy a sus órdenes para cualquier opinión.

—Yo soy solo un observador, usted es el experto y voy a necesitar mucho de su ayuda.

—Cuente con ella. Ahora vamos a descansar, mañana es la primera etapa del *tour,* el gran día en que inicia la competencia.

ACTIVIDAD

¿Sabes cuál es la responsabilidad más importante que debe asumir un líder? Pues nada menos que el cumplimiento de la meta de su equipo.

Esta es justamente la primera dimensión a partir de la cual se puede hacer una evaluación del desempeño de cualquier individuo que encabece a un grupo de personas.

Si eres el jefe del departamento de compras de tu empresa, lo menos que se espera de ti y de tu gente es que su trabajo garantice el suministro de los bienes y servicios que se necesiten, adquiridos en las mejores condiciones. Ahora, que si ocupas la plaza de director en un coro juvenil, la medida del éxito de tu conjunto artístico estará dada principalmente por la calidad con la que ejecuten las piezas musicales que interpreten.

De esta manera, cualquier cosa que el líder piense, diga o haga, tiene sentido únicamente si ayuda al cumplimiento de la meta, por lo que es necesario que escribas la meta de tu equipo y la coloques en un lugar en el que siempre puedas verla.

Ahora bien, ¿cómo puedes saber si la meta que escribiste está correctamente expresada? Muy sencillo, únicamente tienes que asegurarte de que contenga dos elementos esenciales:

1. Que sea claramente medible.
2. Que especifique un plazo determinado.

Ahorrar veinticinco mil pesos en seis meses para nuestras vacaciones, es una meta familiar que contiene los dos ingredientes antes mencionados. Es claramente medible al enunciar una cantidad precisa de dinero: veinticinco mil pesos, al mismo tiempo que especifica un plazo determinado de seis meses.

Finalizar en uno de los tres primeros lugares de una vuelta ciclista, es una meta deportiva que también contiene los dos ingredientes que hemos enunciado. El plazo preciso está fijado al término de la competencia, mientras que la obtención de uno de los tres primeros lugares constituye una manera inequívoca de medir el resultado esperado.

¿Se te ocurre alguna otra consideración que facilite el cumplimiento de la meta? ¡Seguramente ya lo pensaste! El hecho de que tú como líder de un equipo conozcas la meta, así como de que esta esté expresada de forma correcta, no es suficiente; es necesario que todo tu equipo tenga perfectamente claro que lo único que da sentido a todo lo que hacen juntos es precisamente esa meta, por lo que cada uno de los integrantes debe conocerla y tenerla siempre presente.

Por ejemplo, la meta de finalizar en uno de los tres primeros lugares de una vuelta ciclista debe ser conocida, no solo por el director técnico del equipo, sino por todos sus miembros. De la misma manera que la meta de ahorrar veinticinco mil pesos en seis meses para las vacaciones es necesario que la conozcan todos los integrantes de la familia.

Solo de esta forma las personas de un equipo sabrán hacia dónde se dirigen y, por lo tanto, hacia dónde deben encauzar sus esfuerzos, por lo que es necesario que convoques a una reunión para que claramente le comuniques a tu gente la meta del equipo. Pero, ¿qué pasa si en esa reunión alguien te cuestiona sobre si fuiste el responsable de haber definido la meta y lo hiciste de manera libre y voluntaria?

Mi sugerencia es que seas completamente sincero y que digas con precisión el procedimiento que se utilizó, a sabiendas de que en ocasiones el líder puede definir la meta, pero que la mayoría de las veces está sujeto a una autoridad superior encargada de hacerlo.

A lo mucho, el líder quizá esté facultado para hacer alguna propuesta o expresar su opinión. Es decir, que dependiendo del estilo de liderazgo del superior, habrá más o menos posibilidad de participar en la discusión y definición de la meta, pero que independientemente de lo anterior, una vez establecida la meta, lo que siempre deberás hacer como líder es garantizar su cumplimiento.

Por ejemplo, es probable que la meta de finalizar en uno de los tres primeros lugares de una vuelta ciclista haya sido iniciativa de los patrocinadores, pero al momento de aceptar el cargo como director técnico del equipo conociendo el resultado esperado de tu gestión, automáticamente esa meta se convierte en propia.

¿Te parece bien que hagamos una breve recapitulación de lo visto?

1. Definir la meta es indispensable para la conformación de un equipo. Sin importar que consista en aumentar la participación de mercado, en disfrutar de una ida al teatro o en ganar el siguiente partido de voleibol, la meta es lo único que da sentido a todo lo que hace un grupo de personas.

2. En ocasiones el líder puede definir la meta, pero la mayoría de las veces está sujeto a una autoridad mayor encargada de hacerlo. Por lo que si el líder es el responsable de su definición, esa es su labor más importante pues de ella pende el resto de su trabajo, pero la experiencia nos dice que la mayoría de las veces la meta es definida por un superior y habrá que acatarla.

3. La responsabilidad más importante del líder es el cumplimiento de la meta. Para lo cual es necesario que la meta sea claramente medible y que especifique un plazo determinado, además de que debe ser conocida perfectamente por todos los integrantes del equipo.

Ten presente que *la meta* es el primero de los PBL que debes dominar para convertirte en un verdadero líder integral, y que tú puedes ser un mejor líder si revisas las siguientes cuestiones:

— ¿Conoces perfectamente la meta del equipo que encabezas?

— Si no la conoces, es urgente que actúes de inmediato para conocerla.

— ¿Puedes escribir en este momento la meta de tu equipo?

— Si no la puedes escribir ahora mismo es necesario que la tengas muy bien estudiada para que no te vuelva a suceder.

— ¿Especifica la meta los dos ingredientes básicos: qué y cuándo?

— Si le falta alguno de ellos, redefine su enunciado.

— ¿Es conocida la meta por todos los integrantes de tu equipo?

— Si no la conocen todos, convoca a una reunión para exponerla.

— ¿Te queda suficientemente claro que tu responsabilidad más importante como líder es lograr el cumplimiento de la meta de tu equipo?

— Si no lo tienes claro, todo lo demás será inútil.

3

C'EST LE TOUR!

P asé casi toda la noche en vela, revisando el material que me había proporcionado Felguérez. A pesar de haber seguido al pie de la letra los remedios caseros del médico, el dolor de cabeza disminuyó solo un poco. De cualquier modo me preparé con gran entusiasmo y acudí, de acuerdo a lo previsto, como parte del personal de apoyo del equipo Kelme. No podía creerlo. ¡El ciclismo estaba de fiesta y yo me encontraba en medio del festejo! Al fin comenzaría la carrera de bicicletas más importante del mundo y todo estaba listo: las decenas de corredores, las centenas de personas de soporte, organización e información, los millares de aficionados que se habían dado cita a lo largo del recorrido y los millones que seguirían la competencia a través de los medios de comunicación... Además del desconocido número de agentes de seguridad encubiertos.

Tomé mi grabadora portátil sin poder evitar cierto nerviosismo y verifiqué las baterías. El riesgo de un atentado terrorista había pasado a segundo término, lo único que ahora me importaba era la competencia; de hecho, aquel ambiente me hizo recordar mis participaciones como medio fondista en dos campeonatos mundiales y una olimpiada. La emoción que experimenta un atleta que ha apostado su vida y está dispuesto a darla por una medalla es magnánima e indescriptible.

Encendí la grabadora y comencé a narrar lo que veía.

Etapa 1

Estamos en el arranque de la competencia de ciclismo por etapas más importante, la cual se celebró por primera vez en 1903. En esta ocasión se tiene previsto un recorrido de casi 3,500 kilómetros a lo largo de veinte etapas y se cuenta con la participación de los mejores equipos de ciclismo del mundo, cada uno con nueve integrantes, entre los que hay campeones mundiales, olímpicos y nacionales de diferentes países.

Este día los ojos del planeta están puestos en Saint-Omer, *pequeña población ubicada al norte del país galo y que ostenta el título de* Ville d'Art et d'Historie,[1] *por primera vez sede de una etapa. Su vistosa arquitectura muestra la influencia tanto de Francia como de los Países Bajos. Su bella catedral gótica que se alza en el horizonte es testigo de honor.*

Faltan solamente unos minutos para que inicie la jornada y desde donde me encuentro puedo apreciar a todos los competidores que toman su lugar cerca de la marca de salida. El nerviosismo se percibe y se contagia.

Al frente del grupo se encuentra el pedalista Moreau del equipo francés «Festina Watches», mejor conocido como Festina. Trae puesto el distintivo maillot jaune: *la codiciada camiseta amarilla que le reconoce el liderato general de la competencia por haber vencido en el* prólogo *que se llevó a cabo ayer en la heroica ciudad de* Dunkerque.

Salvo el ciclista belga que se cayó durante dicho prólogo, los otros 188 corredores toman la salida y comienzan a recorrer 195 kilómetros rumbo a la meta final en Boulogne-Sur-Mer.

En esta etapa habrá tres metas intermedias o volantes que otorgan puntos para determinar al líder de regularidad, a quien se premia con la camiseta verde, y dos metas o puertos de montaña, que hacen lo propio para decidir al líder de montaña, a quien se le distingue con la camiseta de lunares rojos.

Inicialmente el pelotón se mantiene compacto y distintos equipos se apoderan del control al colocarse al frente en preparación para la primera meta intermedia. ¡El primer sprint[2] de la competencia es ganado por un corredor estonio!

Ahora, ante el relajamiento que experimenta el grupo, surge la primera escapada protagonizada por tres competidores que son alcanzados a unos cuantos kilómetros de haber iniciado su aventura.

Hay un nuevo relajamiento y un nuevo intento de fuga de dos corredores que vuelve a fracasar un par de kilómetros adelante. Son apenas los primeros ataques que, más que tratar de concretar algún plan definido con anterioridad, buscan animar el espectáculo. Fuera de eso, el ritmo del grupo es uniforme y me permite disfrutar del apacible paisaje salpicado de campos de amapolas.

La lluvia nos sorprende a todos y el pelotón disminuye la velocidad. Esta situación es aprovechada por un corredor francés que se escapa y rápidamente obtiene una ventaja de un minuto sobre el grupo.

Enseguida, un segundo corredor francés sale en busca del primero y, contando con el apoyo de los aficionados, lo alcanza y comienzan a trabajar en equipo, es decir que se colocan uno detrás del otro, alternando las posiciones para dividir el esfuerzo de vencer la resistencia del aire y reducir el cansancio. Después de varios kilómetros obtienen una ventaja de seis minutos sobre los demás y conquistan la segunda meta intermedia.

¡No lo puedo creer! ¡Hay una valla que previene el paso del tren y que obliga a los ciclistas a detenerse!

El entrenador del equipo me explica que esta eventualidad está prevista en el reglamento de la competencia: se medirá el tiempo que dure la interrupción y detendrán ese mismo tiempo al pelotón, a fin de mantener la ventaja de los punteros.

Es inverosímil. Parados frente a la valla del tren, los dos escapados reciben el saludo de los aficionados e inclusive firman autógrafos. El tren termina de pasar y los corredores prosiguen su marcha; el bloqueo ha demorado tres minutos. Más tarde, cuando el resto del grupo llega al mismo sitio, es detenido el tiempo de la compensación.

Aparecen pancartas que marcan la distancia por recorrer: a partir de los cincuenta kilómetros se marca cada diez; a partir de los veinticinco se marca cada cinco y a partir de los diez mil metros se marca cada kilómetro. El primer puerto de montaña es obtenido por los punteros; su ventaja ahora es de cuatro minutos.

¡Dentro del pelotón se produce una caída! Son dos corredores: uno de ellos es el campeón de Italia que pierde tiempo en su recuperación, pero finalmente sube a su bicicleta y continúa la competencia. Faltan veinticinco kilómetros para la meta y ahora la ventaja de los fugados es de dos minutos.

Comienza el ascenso del segundo puerto de montaña que vuelven a conquistar los escapados pero, a pesar del numeroso público francés que los anima, en lo alto de la cuesta están tan solo un minuto delante de sus perseguidores.

El pelotón los alcanza en la bajada y da por terminada una larga fuga de más de 120 veinte kilómetros. ¡El ritmo de la competencia aumenta de intensidad!

Faltan quince kilómetros para la meta. El pelotón avanza con el viento a su favor a casi sesenta kilómetros por hora sobre una carretera costera, justo enfrente de la Côte d'Opale.[3]

Diez kilómetros: hay numerosos tirones en el grupo puntero. El terreno es accidentado y las orillas de la carretera se encuentran repletas de dunas cubiertas de hierba.

Nueve kilómetros: al entrar en Ambleteuse, *penúltimo poblado previo a la meta, dos corredores aprovechan el cambio de pendiente y consiguen adelantarse al grupo.*

Ocho kilómetros: salen del poblado, el viento arrecia. Un tercer corredor logra separarse y hacer contacto con los punteros.

Siete kilómetros: se ve perfectamente la playa y se escucha el romper de las olas, momento en que otro corredor sale del grupo.

Seis kilómetros: entran a Wimereux, *último poblado antes de la meta. La calle está abarrotada de gente.*

Cinco kilómetros: la mayoría numérica se impone y finalmente el grupo puntero alcanza la fuga. Comienzan los zigzagueos al frente en busca de la mejor posición para la llegada.

Cuatro kilómetros: haciendo un esfuerzo supremo que se refleja en sus rostros, tres hombres logran separarse del pelotón e imponen un ritmo superior a los setenta kilómetros por hora.

Tres kilómetros: ingresan a la zona urbana de Boulogne-Sur-Mer, *el puerto pesquero más importante de Francia que también ha sido distinguido como* Ville d'Art et d'Histoire, *y se produce una caída en la parte posterior del grupo. Los dos corredores involucrados se levantan, pero ya están fuera de cualquier posibilidad de triunfo.*

Dos kilómetros: miles de aficionados se aglomeran a las orillas de las calles para observar el paso de los titanes. Dos de los tres fugados se agotan y se integran al grupo, pero queda un francés en la punta con menos de cincuenta metros de ventaja a quien la numerosa multitud emocionada vitorea y anima.

Un kilómetro: además de la pancarta, hay una estructura inflable de color azul a manera de un gran puente que señala el sitio a partir del cual quedan mil metros de competencia. El solitario ciclista francés sigue a la cabeza perseguido por un caudal multicolor. ¡La gente está vuelta loca!

Los especialistas del embalaje impulsan sus máquinas con toda su potencia, y alcanzan velocidades superiores a ochenta kilómetros por hora. ¡Qué manera de cerrar!

El mejor sprinter del mundo, Zabel, del equipo alemán «Team Deutsche Telekom», mejor conocido como Telekom, se impone de forma contundente y arrebata el triunfo a los franceses.

A pesar de lo anterior, el francés Moreau del equipo Festina conserva la camiseta amarilla por llegar con el grupo puntero, a cuyos integrantes se les asigna el mismo tiempo de competencia y así continúa al frente de la clasificación general.

¡Le Tour de France nuevamente ha comenzado! ¡Todavía no puedo creerlo! ¿Cómo llegué hasta aquí? ¡El ciclismo está de fiesta y yo estoy en medio del festejo!

Guardé la grabadora portátil en mi bolsillo y le di un par de palmadas como al cachorro consentido al que se quiere felicitar.

Emocionado por la belleza y el colorido de la competencia, había olvidado mis dolores de cabeza que, por otro lado, habían disminuido hasta casi desaparecer.

En cuanto llegamos a la zona de recuperación, me apresuré a buscar al médico que me había atendido la víspera. Por conducto de Felguérez supe que se trataba, ni más ni menos, del doctor Gerard, jefe encargado de coordinar los primeros auxilios y dirigir a todos los médicos deportivos del *tour;* sin duda otro líder de quien podía aprender mucho.

Para mi sorpresa, cuando llegué a su carpa me encontré con un panorama extraño, pues afuera de la tienda había un hombre malencarado que la custodiaba y el doctor Gerard no quiso recibirme.

—No le quitaré ni un minuto —insistí.

—Lo siento, el doctor...

En ese instante Gerard salió del consultorio móvil.

—Hola —lo saludé alegremente—, hice lo que me dijo, ¿recuerda? Los remedios de su abuelita.

Esperaba que soltara a reír y me contestara con alguna ingeniosa broma pero, en vez de eso, me miró con extrañeza y luego respondió con frases contradictorias.

—Confirmaré sus antecedentes en el expediente médico que hicimos. ¿Ha tenido alguna nueva molestia?

—Nnnno... —dije poniéndome alerta—. Además, usted no me hizo ningún expediente.

—De acuerdo, ¿algo más?

—Solo quería darle las gracias por la fórmula que me recetó.

—¡Ah!, la fórmula. Casi nunca falla. Me dio gusto volver a verlo.

Se dio la vuelta y me dejó boquiabierto.

—¿Era el doctor Gerard? —pregunté al guardia.

—Claro...

—Lo noté ligeramente más delgado y alto que ayer. Y... no me reconoció.

Moví la cabeza invadido por grandes temores, pues sabía que un atentado profesional se preparaba con mucho tiempo y sin duda conjuntaba una gran cantidad de irregularidades previas.

—¿Puede hacer el favor de retirarse? —me dijo el hombre malencarado.

—En este lugar está pasando algo muy extraño —comenté con imprudencia—. El hombre que está allá adentro no es el doctor Gerard.

El sujeto se me acercó y entrecerró ligeramente los ojos para mirarme como un cazador que observa a una presa a la que no está dispuesto a perdonarle la vida.

Me di cuenta que si mis sospechas resultaban ciertas, me había puesto en evidencia, por lo que agaché la cabeza y salí de ahí.

4
LOS PASOS

Me alejé de la enfermería con un mal sabor de boca. La belleza multicolor de la competencia que observé en la primera etapa del *tour* fue ensombrecida por temores indefinibles. Taciturno, regresé al restaurante en el que estaba culminando la cena de los competidores. Mi mente desconfiada identificó otro suceso anormal: los ciclistas belgas y holandeses se habían reunido alrededor de una misma mesa. ¡Pertenecían a diferentes equipos! ¿Qué tramaban?

Me acerqué disimuladamente y, en mi escaso entender del idioma, escuché que pretendían quedarse con un diamante, venderlo y repartirse las ganancias. En cuanto detectaron mi cercanía guardaron silencio y me observaron. Pasé de largo. ¿Acaso se estaban poniendo de acuerdo para perpetrar un atraco? ¿En el *tour*? ¿Cómo? ¿A quién le robarían? ¿Tendría algo que ver con el médico impostor?

Felguérez y sus ciclistas habían entrado a una salita de juntas y yo me incorporé a la reunión. Algunos de los competidores se replegaron en sus sillas al verme llegar, incómodos por mi presencia. Era razonable que desconfiaran de observadores como yo.

En ese momento fui testigo del liderazgo ejercido por Felguérez al encauzar a sus nueve atletas, los españoles González, Gutiérrez, Pascual, Sevilla, Tauler y Vidal, los colombianos Botero y Cárdenas, y el francés Desbiens.

—Mañana se desarrollará la *segunda etapa* del *tour* —explicaba el entrenador mostrando un mapa— sobre 218 kilómetros de terreno plano entre *Calais*, Francia y *Anvers*, Bélgica.

—En la clasificación general individual va ganando el francés Moreau del equipo Festina, quien aventaja en tres segundos a González, del equipo español *Organización Nacional de Ciegos Españoles, Eroski;* el famoso ONCE, y en cuatro segundos a Armstrong del equipo estadounidense *United States Postal Service,* conocido como Postal. Nuestro mejor hombre es Botero, que aparece en séptimo lugar a diez segundos del líder...

Se escuchó un barullo y varias palmadas amistosas propinadas al colombiano por sus compañeros más cercanos.

—Sin embargo —continuó Felguérez—, en la clasificación general por equipos nos encontramos en cuarto lugar, diecisiete segundos atrás de Festina que va de líder, diez atrás de ONCE que ocupa el segundo lugar y a solo tres segundos de Postal. Esto significa que, por el momento, ni somos el mejor equipo español ni estamos ubicados en uno de los tres primeros lugares por equipos, por lo que, si la competencia terminara ahora, no habríamos cumplido nuestra *meta*. Debemos estar muy atentos mañana. No olviden el *plan*...

Tomé algunas notas de la charla informativa y me dirigí a la sala de prensa para enviar mis primeras conclusiones por correo electrónico, de acuerdo a las indicaciones del doctor Osborne. Redacté un breve texto en el que incluí preguntas a mi maestro sobre su estado de salud y a mi esposa sobre la reacción de los niños al saber de mi repentino viaje. Más tarde pasé varias horas leyendo los libros que me facilitó Felguérez.

A la mañana siguiente se respiraba un ambiente de temor y confusión. Entre los entrenadores corría el rumor de que el comité organizador había recibido una llamada anónima en la que se advertía de la presencia de una bomba en alguno de los autos que acompañaban la competencia. Temían que estallara al pasar por la meta y matara a cientos de aficionados y ciclistas, por lo que un equipo de seguridad antiterrorista hizo la revisión de todos los autos.

Mientras esperábamos, observé el nuevo edificio del ayuntamiento y algunas señales que indicaban el camino hacia el Eurotúnel. Esa magna obra de ingeniería civil ha reafirmado a la ciudad de *Calais*, famosa en todo el mundo por sus encajes, como el principal puerto francés de transportación de pasajeros.

Al fin escuchamos por nuestra radio de intercomunicación la señal de salida, así como el recordatorio de la presencia de los reyes de Bélgica en la tribuna especial de llegada en la ciudad de Amberes — que no recibía a los corredores del *tour* desde 1954—, y de la joya ofrecida por el Consejo del Diamante que se dará como premio especial para el vencedor de la etapa.

¿La... joya?

Informé a Felguérez que la noche anterior había escuchado a los belgas y a los holandeses planear el «robo» de un diamante y soltó una alegre carcajada.

—El diamante es un premio especial —aclaró— para el vencedor de esta etapa.

—¡Pero son de diferentes equipos! —rebatí sin poder evitar sentirme como un tonto.

—Los belgas y los holandeses están hermanados por el idioma, la geografía y la historia, por lo que buscarán con todo ganar el diamante, lo venderán y se repartirán la ganancia como botín. No me mire así. Es real. Entre los corredores hay tres niveles de lealtades: la que existe entre todos ellos como ciclistas, la que se da con sus compañeros de equipo y, muy importante, la que sienten hacia sus compatriotas. Eso significa que hoy, de alguna forma, trabajarán para protegerse mutuamente y lograr el triunfo.

—¡Vaya, vaya...!

Tomé mi grabadora y comencé a relatar en voz alta.

Arrancan los competidores y, detrás de ellos, salimos los autos ordenadamente. El pelotón comienza el recorrido a una velocidad moderada.

Estamos pasando por Dunkerque, ciudad anfitriona del prólogo, y se producen los primeros jaloneos para definir al vencedor de la primera meta volante.

Kilómetros después se nos informa por la radio que trece corredores han organizado una fuga; entre ellos van dos belgas y un holandés.

Entramos a Bélgica y siguen al frente los trece escapados, aunque no por mucho tiempo, pues debido al desgaste de los fugados y al trabajo en equipo del pelotón, pronto son alcanzados.

Comienza a gestarse una nueva fuga, ahora de nueve hombres en la que participan otros dos belgas y otro holandés, los cuales, poco después de la segunda meta intermedia, son alcanzados por el pelotón.

Al pasar la pancarta de los cincuenta kilómetros para la meta final, un corredor belga sorprende y se escapa alentado por su gente, pero cinco kilómetros después, tres ciclistas salen en su búsqueda y lo alcan-

zan. Estos cuatro se disputan la última meta volante de la etapa, llevando una diferencia de más de un minuto sobre el pelotón.

Dejé de grabar y observé con atención al frente porque se había producido una caída. La ambulancia había encendido su sirena y rebasaba por el acotamiento, en tanto dos motociclistas le abrían el paso y los autos se hacían a un lado para despejar el camino. El accidente parecía de consecuencias graves. En nuestro coche hubo un largo silencio mientras esperábamos el informe por la radio acerca de los ciclistas afectados. Cuando al fin anunciaron que había nueve corredores heridos, de los cuales dos eran de Kelme, Felguérez golpeó el tablero del coche con el puño cerrado y emitió una altisonante interjección de rabia. Abrió la portezuela y corrió hacia el sitio del accidente. Fui tras él.

La escena del percance era complicada pues, mientras el personal de apoyo de los equipos ayudaba a algunos competidores a reincorporarse, cambiaba las bicicletas averiadas y los paramédicos daban el visto bueno para que continuaran, otros pedían ayuda urgente para que revisaran a los corredores más lastimados. Entre el grupo de los que pudieron reponerse para seguir adelante estaba el español Tauler de nuestro equipo quien, con palabras de aliento de Felguérez, volvió a la lucha con una colección de contusiones; sin embargo, el francés Desbiens, también de Kelme, estaba tirado y rodeado de asistentes médicos porque tenía fracturada la muñeca izquierda y había recibido un fuerte golpe en la cabeza.

—¡Hay que transportarlo! —gritaban—. ¡Está convulsionando!

Los enfermeros actuaron con rapidez. Lo colocaron en la ambulancia y un médico subió junto a él. Pude echar un último vistazo al interior antes de que cerraran la puerta y mis ojos se cruzaron con la inexpresiva mirada del médico impostor. Un escalofrío me recorrió la piel y la adrenalina me hizo vociferar.

—¡El hombre que va con nuestro ciclista es un impostor! ¡Se está haciendo pasar por el doctor Gerard! ¡Detengan la ambulancia!

Pero mis gritos sonaron como palabras en clave de un paranoico que ha perdido la cordura. Nadie me apoyó y la ambulancia se alejó mientras Felguérez me veía con extrañeza. Volví la cabeza y detecté que un chofer que conducía uno de los autos insignia me observaba con gesto avieso. Le sostuve la mirada. Era un sujeto moreno, delgado, de barba cerrada.

—¡Vámonos de aquí! —me dijo Felguérez.

—¿Es que nadie se ha dado cuenta de lo que está pasando? Ese médico...

—Guarde silencio y sígame.

Regresamos a nuestro auto y alcanzamos al pelotón. Tardé en concentrarme.

Volví a sacar mi grabadora y, con la mente puesta en mis temores, narré el resto de la etapa.

Faltan treinta kilómetros para la meta, dos ciclistas más se adelantan al pelotón: un belga y un holandés. Casi de inmediato, otros diez corredores, dos de los cuales son belgas y uno holandés, logran separarse y absorberlos para formar un frente de doce ciclistas que tiene dos objetivos: alcanzar la fuga de cuatro y no permitir que el pelotón los alcance.

Estamos a quince kilómetros de la meta, el grupo de doce alcanza al de cuatro y juntos luchan para dejar atrás al pelotón. En esos dieciséis punteros van cuatro belgas y dos holandeses, que son apoyados en todo momento por su afición, pero ninguno de ellos es favorito para ganar el sprint final.

El grupo de escapados llega a los suburbios de Anvers, segunda ciudad más importante de Bélgica, principal puerto de Europa y capital mundial de la industria del diamante. La ventaja es de treinta segundos sobre el pelotón y faltan solo siete kilómetros por recorrer.

Al pasar por la marca del último kilómetro, el corredor belga Wauters, del equipo holandés Rabobank, sorprende a todos y logra separarse del grupo. Como no es buen sprinter, su apuesta es a un cierre largo. Apenas ha ganado unos metros, cuando un corredor francés del equipo Festina también se separa del grupo y le da alcance. Los dos están pedaleando a todo lo que dan, unos quince metros por delante de los demás ciclistas fugados.

Comienza el momento crítico de los últimos 200 metros y los miles de aficionados que llenan las aceras son testigos de un duelo de poder a poder entre dos grandes pedalistas, del que el belga Wauters sale victorioso: ¡ha ganado la segunda etapa en su tierra, frente a su gente, y el diamante es suyo!

Pero no solo eso, la radio informa que con ese resultado Wauters de Rabobank se vestirá de amarillo por ser el nuevo líder general de la competencia.

Esa noche todo el equipo estaba apesadumbrado. Felguérez comenzó a hablar muy despacio, como si un agujero negro en el universo de su mente le hubiera succionado el entusiasmo que lo caracterizaba.

—Con el *resultado* de hoy —comenzó diciendo—, nuestro equipo ha descendido al séptimo lugar de la clasificación general por equipos, a cincuenta segundos del líder que ahora es el equipo francés Crédit Agricole —suspiró sin levantar la voz—. Estoy muy molesto por eso. Los belgas y los holandeses trabajaron en coordinación y consiguieron lo que buscaban, a pesar de la superioridad técnica y numérica de los franceses e italianos y, por supuesto, ayudados por nuestra pasividad. Hoy se formaron tres fugas. ¿Cuántos corredores de Kelme iban en cada una de ellas? ¡Ninguno! —gritó con enfado—. Tuvieron al menos tres oportunidades de colarse al frente y no lo hicieron. ¡Ninguno lo hizo! —incrementó la vehemencia de su voz—. Aunque nuestro terreno fuerte aún está por venir, no podemos darnos el lujo de otorgar ventajas gratuitas. ¡Hoy perdimos tres lugares en la clasificación por equipos! ¡Eso no puede ocurrirnos!

El hombre desahogó su frustración centrándose en esa idea.

—¡Dejamos de cumplir el *plan* y nos alejamos de nuestra *meta!* Quiero que quede bien claro: Kelme no vino a esta competencia a ganar una etapa o un diamante, ni siquiera vinimos a que alguno de nuestros corredores ganara una camiseta al final del *tour*. Nuestra *meta* es ser el mejor equipo español de la competencia y terminar en uno de los tres primeros lugares de la clasificación general por equipos. Nuestra *meta* está definida: se puede medir y tiene un plazo.

Hizo una pausa y trató de calmarse. Gran parte de su desilusión se debía sin duda a la pérdida de uno de sus hombres, que permanecía grave en el hospital. Tomó asiento en la silla que estaba al frente y siguió hablando a sus corredores como si reflexionara en voz alta:

—En Kelme tenemos más de veinticinco ciclistas profesionales con los que estuve armando distintas opciones para el *tour* de este año. Cada una de esas opciones ofrecía ventajas y desventajas que evalué cuidadosamente. Elegí una de ellas y me deshice del resto. Debíamos participar en esta competencia con nueve corredores, por lo que armé un conjunto que combinaba cinco ciclistas experimentados en el *tour* y cuatro novatos. Con ustedes decidí enfrentar a nuestros rivales; eso me hace el único responsable de la *estrategia* y me atengo a las consecuencias. Sin embargo, ahora es importante recordarles que para el *tour* contamos con un *plan* de entrenamiento, otro nutricional, un *plan* de descanso, otro de atención médica, además de un *plan* de mantenimiento mecánico y uno más para cada una de las etapas de la competencia. Esos *planes* nos indican de antemano la forma en que debemos actuar, y lo que hacemos cada noche en estas reuniones es revisar el *plan* para el día siguiente, pero hoy ustedes no cumplieron con lo que acordamos ayer.

Dejó de hablar y mantuvo la vista fija en el suelo unos segundos. Los ocho corredores parecían avergonzados y sin razones para rebatir, pero yo, como observador, necesitaba aprender más y me atreví a preguntar.

—Señor Felguérez, ¿ahora que las cosas no se han presentado como estaban previstas, es posible cambiar los *planes*?

Se encogió de hombros.

—Bueno. Los *planes* deben ser lo suficientemente claros para que orienten, pero lo suficientemente flexibles para que se puedan adaptar a los cambios. Cuando el cambio es demasiado drástico, debemos regresar al paso anterior y establecer una nueva *estrategia*. En la situación extrema de que las circunstancias iniciales se modifiquen en esencia, lo más conveniente es comenzar desde el primer paso y definir una nueva *meta*, pero ese no es nuestro caso. Al menos no todavía. Aún podemos lograr nuestra *meta* sin cambiar la *estrategia*, siguiendo los mismos *planes* y ejecutando las *acciones* —volvió a dirigirse a sus competidores—. Dentro del *plan* que discutimos anoche, contemplamos que los más hábiles en terreno llano se alternarían para salir en cada uno de los intentos de fuga. No lo hicieron e inmediatamente sufrimos las consecuencias: una ejecución deficiente echó a perder un buen *plan*. Ahora, estamos evaluando el *resultado:* la falla en la ejecución de las *acciones* hizo que descendiéramos del cuarto al séptimo lugar de la clasificación general por equipos. Eso es una *desviación* muy grave porque nos aleja de la *meta* definida; por tanto hay que hacer una pronta corrección de *desviaciones*. Pongan mucha atención...

Antes de que la junta terminara, comencé a escribir mis conclusiones:

PASOS PARA EL CUMPLIMIENTO DE UNA META

1. Definir la meta

   Es indispensable para la conformación de un equipo y debe tener dos características básicas: definirse en términos claramente medibles y programarse para un plazo preciso.

2. Establecer la estrategia

   Consiste en elegir la combinación de recursos más adecuados que ofrezcan una mayor probabilidad de cumplir con la **meta**. Es necesario considerar los siguientes apartados:

   a. Analizar los recursos disponibles, tanto de nuestro equipo como de los posibles contendientes, al igual que los detalles del espacio y tiempo en el que actuaremos.

b. Generar diferentes combinaciones de los recursos disponibles y valorarlas a la luz de la **meta definida**, para elegir una y comprometernos completamente con ella.

3. Determinar los planes

Este paso supone la elaboración detallada del camino que, atendiendo a la **estrategia establecida**, nos guíe hacia el cumplimiento de la **meta**.

4. Ejecutar las acciones

Es llevar a la práctica aquello que previamente estaba **planeado**. La efectividad de un **plan** depende tanto de lo bien que esté elaborado, como de lo bien que sea ejecutado.

5. Evaluar el resultado

Este paso consiste en comparar lo que está sucediendo contra lo que debería suceder, a fin de detectar si hay **desviaciones**.

6. Corregir las desviaciones

Este último paso tiene por objetivo minimizar y, en la medida de lo posible, evitar una nueva **desviación** en la siguiente ejecución de **acciones**. Existen dos tipos de corrección de **desviaciones:**

a. Corregir las **acciones**. Es la más frecuente y muchas veces la más conveniente. Consiste en investigar con quienes ejecutaron las **acciones** las causas que originaron la **desviación** y tomar las medidas pertinentes para que no se repitan.

b. Corregir los **planes, estrategias o metas**. Este tipo de corrección debe ser menos frecuente y únicamente se justifica cuando las circunstancias originales sufren cambios drásticos.

En cualquiera de los dos casos, la corrección de las **desviaciones** debe hacerse lo más rápido posible.

Estaba terminando mi resumen cuando entró a la sala un grupo de personas. De inmediato se hizo un silencio expectante.

ACTIVIDAD

¿Quieres saber cuál es el camino más seguro para cumplir una meta? Estupendo, pero pon mucha atención pues el camino consta de varios pasos que podemos distinguir con facilidad si nos imaginamos que nuestra meta es: *festejar el cumpleaños de uno de nuestros hijos con una comida sorpresa el próximo fin de semana.*

La estrategia

Establecer una estrategia consiste en elegir la combinación de recursos más adecuados que ofrezcan una mayor probabilidad de cumplir con nuestra meta.

Para nuestro caso debemos resolver tres asuntos primordiales: el lugar, el menú y el número de invitados, por lo que debemos preguntarnos: ¿dónde es más conveniente realizar el evento de acuerdo a la gente esperada y a nuestro presupuesto, sin olvidar que debe ser una sorpresa? ¿En nuestra casa? ¿En casa de un familiar? ¿En un salón de fiestas? Y a continuación debemos decidir el menú que ofreceremos, también en función de nuestro presupuesto. Digamos que la comida sorpresa será en casa de los abuelos, para cincuenta invitados y que prepararemos un platillo tradicional de nuestra región.

Los planes

Una vez establecida la estrategia, el siguiente paso es determinar los planes que supone la elaboración detallada del camino que, atendiendo a la estrategia, nos guíe hacia el cumplimiento de la meta.

En el ejemplo que estamos manejando, ahora necesitamos definir la manera en la que le avisaremos a los cincuenta invitados y compraremos los ingredientes para elaborar el platillo tradicional, pero claro, sin que se entere el festejado.

Quizá consideremos que lo más conveniente sea invitar por teléfono, haciendo veinticinco llamadas por la mañana (que es cuando nuestro hijo está en la escuela), empleando en ello dos días y dejando un tercero para quienes no localicemos la primera vez. Y quizá también nos parezca adecuado comprar todos los ingredientes del platillo a media semana y llevarlos a casa de los abuelos, a fin de prepararlo el día anterior en el mismo sitio en el que se servirá, con lo que evitaremos el riesgoso transporte del guiso y la evidente utilización de nuestra cocina.

Las acciones

Es llevar a la práctica nuestros planes, es decir, poner manos a la obra y comenzar a hacer las llamadas telefónicas e ir de compras el miércoles de plaza, tomando en cuenta que la efectividad de un plan depende, tanto de lo bien que esté elaborado, como de lo bien que sea ejecutado. En otras palabras, en la medida que dejemos de cumplir con los planes anteriormente definidos, en esa misma medida nos alejaremos de nuestra meta.

La evaluación

El siguiente paso es evaluar el resultado, que consiste en comparar lo que está sucediendo contra lo que debería suceder, a fin de detectar si hay diferencias. Y en el ejemplo que estamos trabajando, este paso lo podemos hacer justo en el momento de la comida sorpresa que hemos preparado para el cumpleaños de nuestro hijo, verificando varias cosas:

¿Sorprendió, en verdad, el evento a nuestro hijo? Como esta era nuestra meta, el grado de su cumplimiento puede medirse en función de la cara que puso nuestro hijo al llegar a casa de los abuelos y escuchar a los asistentes gritarle: ¡Feliz cumpleaños!

¿Acudieron todos los invitados que confirmaron su asistencia? Esta es una medida secundaria que nos indica que tan exitosos fuimos al momento de hacer la invitación, puesto que sería una lástima que si planeamos el evento para cincuenta personas, únicamente hubieran asistido diez.

¿Fue suficiente el platillo tradicional de nuestra región que preparamos? Esta es otra medida secundaria que nos brinda información sobre nuestra capacidad para calcular la cantidad del platillo que una persona puede comer. Si no nos alcanzó o nos sobró demasiado, quiere decir que nuestra estimación fue incorrecta.

La corrección

Finalmente, el último paso para el cumplimiento de una meta consiste en corregir las desviaciones y tiene por objeto aprender de la experiencia y tomar las medidas necesarias para evitar que en una futura comida sorpresa de cumpleaños cometamos los mismos errores que a fin de cuentas pudiéramos haber tenido en esta ocasión.

¿Estarías de acuerdo en que hiciéramos una breve recapitulación de lo visto?

1. **Establecer la estrategia:** consiste en elegir la manera más adecuada para cumplir con la meta.
2. **Determinar los planes:** supone la elaboración detallada del camino que nos guíe hacia el cumplimiento de la meta.
3. **Ejecutar las acciones:** es llevar a la práctica nuestros planes.
4. **Evaluar el resultado:** consiste en comparar lo que está sucediendo con lo que debería suceder.

5. **Corregir las desviaciones:** tiene por objetivo aprender de nuestros errores.

Ten presente que la estrategia, los planes, las acciones, la evaluación y la corrección constituyen los pasos para alcanzar una meta, y que tú puedes ser un mejor líder si revisas ahora las siguientes cuestiones:

— ¿Puedes enunciar en términos generales, cuál es la estrategia que has establecido para cumplir con la meta de tu equipo?

— Si no puedes hacerlo, intenta contestar lo siguiente: ¿Cómo es que los recursos con los que cuento se pueden orientar hacia la misma dirección?

— ¿Cuenta tu equipo con planes que detallan el camino que los guiará hacia la meta?

— Si no tienes al menos un plan maestro que especifique las metas parciales a lograr, es urgente que lo generes considerando la periodicidad más conveniente (semanal, mensual, trimestral, etc.) y lo des a conocer de inmediato.

— ¿Puedes decir con certeza que todos los integrantes de tu equipo saben qué les corresponde hacer y cuándo lo tienen que hacer?

— Si no puedes contestar de manera afirmativa, tendrás problemas con la ejecución de acciones. Asegúrate entonces de reescribir tus planes de forma que contemplen no solo el qué y el cuándo, sino también el quién será responsable de cada meta parcial.

— ¿Tienes establecidos con claridad —y todos en tu equipo conocen—, los momentos en los que se llevarán a cabo las evaluaciones de resultados?

— Si no sucede de esta manera, determina y comunica de inmediato esos momentos de evaluación parcial.

— ¿Estás convencido de que la corrección de planes, estrategias o metas solo debe hacerse cuando las circunstancias originales sufren cambios drásticos?

— Si no lo estás, es muy probable que el desempeño de tu equipo se salga de control al generarse incertidumbre respecto a la validez de los parámetros originalmente definidos. Procura entonces enfocarte en corregir las acciones, dejando como última alternativa la redefinición constante de planes, estrategias y metas.

5

EL RESULTADO

Buenas noches caballeros —saludó el director general del *tour*—. Nuestra visita obedece a varios motivos. En primer lugar, queremos informarles sobre el estado de salud de su compañero. Si fuera tan amable doctor Gerard —se dirigió a uno de sus acompañantes que vestía bata blanca...

¿Había escuchado bien? ¿Dijo doctor Gerard? ¿Cómo era posible...? El individuo que comenzó a hablar no fue quien me recetó los remedios de su abuelita. La cabeza comenzó a dolerme.

—El señor Desbiens —expresó con inconfundible tono clínico— sufrió un fuerte traumatismo craneoencefálico que le ocasionó una severa conmoción cerebral y fue necesario intervenirlo de emergencia. Su recuperación será lenta, pero por lo pronto se encuentra estable.

En la sala se escuchó un suspiro masivo de alivio.

—Es conveniente que sepan —aclaró inmediatamente otro de los visitantes— que el casco le salvó la vida a su compañero. De no haberlo traído puesto su muerte habría sido instantánea. Como director técnico del *tour* no me cansaré de repetirlo: ¡Usen siempre su casco! Aun cuando en Francia no es obligatoria la medida, afortunadamente en Bélgica sí lo es, de otra manera la historia habría sido tristemente distinta...

—Por otra parte caballeros —retomó la palabra el director general del *tour*—, nuestro director de seguridad les explicará las nuevas disposiciones que hemos adoptado.

—Debido a la amenaza de bomba del día de hoy —comenzó el aludido—, les voy a pedir la estricta observancia de algunas medidas para incrementar la seguridad del evento: Se habilitarán puntos de revisión obligatoria con detectores de metales y equipos de rayos X. Todo el mundo deberá portar siempre de manera visible su acreditación oficial; a los competidores se les recogerá dicha acreditación cuando firmen su registro en la línea de salida de cada etapa y se les devolverá al término de la misma en una zona especial de la meta. Queda estrictamente prohibido salir de los hoteles después de las ocho de la noche, así como recibir cualquier tipo de visita en sus habitaciones. También les recordamos que nos den aviso de inmediato en el momento en que se percaten de alguna situación o persona sospechosa. Por último, deben saber que los choferes de los automóviles diariamente serán sorteados. ¿Alguna duda señores?

Volteamos a vernos unos a otros, pero nadie se atrevió a preguntar nada y en el ambiente quedó flotando un aire de intranquilidad. Antes de abandonar la sala, el director general del *tour* se dirigió a nosotros y dijo:

—Señor Felguérez, doctor Miravalle, les pido que me busquen en cuanto les sea posible, necesito hablar con ustedes dos en privado.

Ambos asentimos.

Esa noche fue imposible encontrar libre al director general del *tour* ya que estuvo visitando al resto de los equipos, uno por uno. Felguérez y yo nos despedimos y me dirigí a la sala de prensa.

Me alegré al revisar mi correo electrónico. El doctor Osborne me notificaba progreso en su estado de salud, mi esposa me enviaba abrazos y besos, y mis hijos me pedían que les consiguiera varios autógrafos. Mandé mis conclusiones y un cariñoso saludo a todos ellos. Les recordé a mis hijos que faltaba menos de una semana para el triatlón del Club Francés y les recomendé varios ejercicios de preparación mental, pues se trataba de un campeonato regional de cuyo resultado dependía su participación en el campeonato nacional un mes después. ¡Había que competir con todo!

Desde muy temprano, al día siguiente, era evidente el incremento en el dispositivo de seguridad del *tour*: costaba más tiempo desplazarse de un sitio a otro por las minuciosas revisiones del cuerpo policiaco; las vallas que protegían a los ciclistas de la entusiasta muchedumbre se habían corrido unos metros y ahora la afición debía conformarse con ver de lejos a sus ídolos. Era imposible estar tranquilo con todas esas precauciones que anticipaban dificultades.

La migraña esta vez madrugó y no tardó en recrudecerse al darme cuenta de que el chofer de nuestro auto era nada menos que un sujeto moreno delgado, de barba cerrada y gesto avieso. Fingí amabilidad y lo saludé. El tipo ni se inmutó. Felguérez ya se encontraba en el asiento del copiloto y me apresuró. Subí a la parte trasera del vehículo y revisé el programa del día.

Se correría la totalidad de la *tercera etapa* en Bélgica, de *Anvers* hacia *Seraing* a lo largo de 198 kilómetros.

Encendí mi grabadora y traté de olvidarme del dolor de cabeza.

En el inicio del recorrido se concreta la primera fuga por una veintena de corredores.

Entre ellos se reparten el control de la primera meta intermedia, pero en el kilómetro sesenta son alcanzados por el pelotón.

Antes de entrar al poblado de Lummen, *el grupo entero disminuye la velocidad de manera inesperada.*

La caravana de vehículos se detiene por completo.

Apagué la grabadora. Estaba inquieto, la idea de un posible atentado me daba vueltas en la cabeza. Miré al conductor, que se veía extrañamente sereno. A su lado Felguérez revisaba sus papeles. La radio permanecía en silencio. Al fin, nervioso, me decidí a preguntar.

—¿Qué está pasando?

El chofer volteó y me dirigió una mirada de hastío.

Felguérez contestó.

—*Lummen* es el pueblo natal del corredor belga Wauters de Rabobank que, habiendo conseguido el triunfo y la camiseta amarilla de líder el día de ayer, de acuerdo con la tradición del evento, se detuvo a saludar a su familia, mientras que el pelotón respetuosamente lo escolta. En unos momentos avanzaremos.

—Qué interesante costumbre —murmuré sin atreverme a decir algo más.

Una vez completado el rito, el pelotón arrancó y se reanudó la carrera. Encendí nuevamente la grabadora.

Aprovechando la distracción de la zona de abastecimiento, se produce la segunda fuga del día por tres corredores que consiguen los puntos de la segunda meta intermedia.

Esta escapada aumenta de tamaño poco a poco hasta que se convierte en una seria amenaza de trece ciclistas, entre los que se reparten a su paso la conquista de la tercera meta volante y del primer y segundo puerto de montaña.

El pelotón está reaccionando y se produce un gran jalón que deja rezagado al líder general de la competencia. La fuga es alcanzada.

Faltan veinte kilómetros para la meta final y se genera otra escapada de tres hombres que consiguen la última meta de montaña.

Justo a la entrada de Seraing, la segunda ciudad más grande de la región belga de Lieja, conocida por su gran producción de acero, los tres hombres son alcanzados por el pelotón que, aumentando la velocidad gradualmente, disputa la llegada en un cerrado embalaje que gana el corredor alemán Zabel de Telekom, encabezando un impresionante grupo de más de cien ciclistas, entre los que se encuentran siete de los nuestros.

La radio informa que debido al retraso del corredor belga Wauters de Rabobank, la camiseta amarilla de líder pasa a manos del pedalista australiano O'Grady del equipo francés Crédit Agricole.

Por la noche, en la reunión del equipo, Felguérez se mostró complacido con el desempeño de sus corredores, pues Kelme había escalado dos posiciones en la clasificación general por equipos. El entrenador resaltó algunos puntos clave, y habló del significativo avance del séptimo al quinto lugar, así como de la importancia de este logro con relación a la meta del equipo.

Destacó el mayor esfuerzo individual que tuvieron que desarrollar en virtud de ser uno de los tres equipos que se encontraban en desventaja numérica frente a los demás por haber perdido a un hombre. Además hizo hincapié en el hecho de que Kelme, a pesar de tener solo ocho ciclistas, superaba en la clasificación a más de quince equipos que contaban con sus nueve corredores originales.

También destacó el hecho de que Kelme estaba mejor colocado que la mayoría de aquellos equipos que habían ganado determinada etapa o que tenían en sus filas a algún corredor que había obtenido alguna de las cuatro camisetas de premiación individual: amarilla, verde, de lunares rojos y blanca. Por ello su charla terminó con una emotiva reflexión referente a lo que se tenía que sacrificar en el plano individual para conseguir el mejor *resultado* grupal.

Esta breve pero clara e ilustrativa reunión me dio la pauta para escribir las siguientes conclusiones sobre el liderazgo:

CONDICIONES DEL RESULTADO DEL TRABAJO EN EQUIPO

1. Efectividad

   La prioridad del líder debe ser cumplir con la meta del equipo. Cualquier otro resultado, aun cuando sea positivo, será deficiente porque no corresponde a lo inicialmente definido.

2. Eficiencia

   El segundo objetivo del líder debe ser lograr la máxima productividad de sus recursos, pues de muy poco sirve lograr alta eficiencia y baja efectividad. Jamás se debe sacrificar la efectividad por conseguir eficiencia.

3. Suboptimización

   Para que el resultado global de un equipo sea óptimo, siempre es necesario suboptimizar algunos resultados parciales. Como resulta imposible ganar en todo, es necesario hacer una discriminación selectiva consciente.

Cuando terminó la junta con los ciclistas, Felguérez y yo fuimos a buscar al director general del *tour*. Esta vez tuvimos más suerte que el día anterior y lo encontramos en su suite acompañado del director de seguridad, con quien se encontraba estudiando algunos documentos en la mesa de la sala de visitas de la habitación. Una vez que tomamos asiento, el director general se dirigió a nosotros.

—Muchas gracias por venir caballeros, no los haré perder su tiempo, iré directamente al punto. Se trata del doctor Gerard, más bien de los doctores Gerard.

En la cara de Felguérez y en la mía se dibujó un enorme signo de interrogación. ¿Los doctores Gerard había dicho?

—Permítanme explicarles —dijo al observar nuestros atónitos rostros—. El doctor Maurice Gerard, prestigiado académico y miembro de una notable familia de galenos, fue invitado como médico en jefe para la edición de este año del *tour*. Su alta capacidad y su buen humor han respaldado por muchos años una ascendente carrera dentro de la medicina europea, la jefatura médica de esta competencia sería sin duda un eslabón más en su cadena de éxitos profesionales; sin embargo, de manera inesperada, esa cadena ha sido interrumpida a partir de la noche del primer día de competencia.

Hizo una pausa, se volvió a ver al director de seguridad y con sus expresivos ojos le instruyó para que prosiguiera con la explicación.

—Un par de días antes del inicio del evento —comenzó a relatar el director de seguridad—, apareció en la red de cómputo del *tour* un extraño mensaje en siete idiomas.

Nos extendió una copia y procedimos a leerla:

¡Oh Saint-Omer, Saint-Omer!
Ciudad de arte y de historia,
Contigo comenzará la gloria,
Salve a tu hijo, ¡Oh Saint-Omer!

—La advertencia era real, pero vaga —continuó con su relato—. Y a pesar del refuerzo de nuestro dispositivo de seguridad en torno a los competidores franceses, jamás nos imaginamos que el riesgo apuntaba hacia el doctor Maurice Gerard; hasta después de su desaparición nos enteramos que había nacido en ese poblado.

Experimenté un repentino mareo y llevé mis manos a la nuca cuando sentí que la cabeza me estallaba. Cerré los ojos y apreté la mandíbula.

—¿Se siente bien doctor Miravalle? —preguntó Felguérez.

—Disculpen —dije en cuanto pude—. Padezco migraña...

—Lo sabemos —interrumpió el director de seguridad—. Según el registro del doctor Maurice Gerard, usted fue el último paciente que atendió. Horas más tarde desapareció sin dejar rastro. Un guardia que hacía su ronda en la madrugada descubrió una copia del mensaje pegada a la puerta de su habitación y me dio aviso...

—En ese momento tuvimos una reunión urgente —arrebató la palabra el director general— y tomamos la decisión, con la anuencia del gobierno francés, de guardar completo hermetismo del caso, comenzar una indagatoria que aún no concluye, y sustituir al doctor Maurice Gerard por su hermano, el también médico Michel Gerard. Como el *tour* apenas iniciaba, el cambio sería imperceptible, excepto para usted, ¿no es así doctor Miravalle?

Percibí el bochorno que subía por mi cuello y que sin duda, daba evidencia externa de la vergüenza que me invadía.

—¿Po... po... por qué no me lo dijeron antes? —fueron las primeras palabras que pude articular.

—Porque hasta anoche que acudimos a la junta de su equipo —dijo en tono severo el director de seguridad—, el doctor Michel Gerard pudo identificar a quién había gritado como loco que era un impostor cuando atendía de emergencia al ciclista Desbiens.

—Lo siento mucho —dije sumamente apenado.

—No se preocupe, lo entendemos —contestó el director general—. Usted llegó cuando la competencia ya había comenzado y no tuvo la oportunidad de conocer las políticas de seguridad que se les explicaron a todos los participantes. La más importante es esta: cuando vea algo extraño notifíquelo de inmediato a las autoridades.

—Así lo haré.

—Finalmente —sentenció el director de seguridad mirándome fijo a los ojos—, con relación a este asunto confiamos en la discreción que le recomendó el doctor Osborne.

Reaccioné sorprendido y pregunté.

—¿Conocen al doctor Osborne?

—Con toda certeza, doctor Miravalle —dijo categórico el director general del *tour*—, su mentor es mucho más conocido en Europa que en América. Salúdelo de nuestra parte en cuanto le sea posible. Muchas gracias por haber venido, caballeros.

Felguérez y yo nos despedimos y salimos juntos de la suite. Decidimos despejarnos un poco revisando nuestros correos en la sala de prensa. El primer mensaje que apareció en mi pantalla decía:

¡Oh Verdun, Verdun!
Centro mundial de la paz,
Pronto en tu corazón verás,
Tu pasado, ¡Oh Verdun!

Un escalofrío me recorrió todo el cuerpo. Me volví lentamente a la computadora contigua y me encontré con la aterrada mirada de Felguérez. Ambos quedamos paralizados.

ACTIVIDAD

Para este momento ya debes tener suficientemente claro que la responsabilidad más importante de un líder integral es el cumplimiento de la meta, pero ¿quieres saber qué otros aspectos deben vigilarse al momento de tratar de alcanzarla? ¡Estupendo!

Pon mucha atención, pues este principio básico de liderazgo es uno de los más breves al contemplar solo tres puntos, pero al mismo tiempo, uno de los más importantes y menos comprendidos. Se trata de tener suficientemente claras las prioridades de tal manera que, sobre todo en los tiempos de crisis y urgencias, no vaciles al momento de decidir... Imagina que estás al frente de una armadora de automóviles.

La efectividad

La primera condición del resultado del trabajo en equipo es la efectividad, que *significa cumplir con la meta del equipo*. Cualquier otro resultado que logremos, aun cuando sea positivo, será deficiente porque no corresponde a lo inicialmente definido.

Vamos a suponer que, como responsables de una armadora de automóviles, tenemos que fabricar y vender cien unidades en un mes.

Como podemos darnos cuenta, nuestra meta es claramente medible y tiene un plazo preciso, por lo que la única forma de lograr un cien por ciento de efectividad es justamente fabricando cien autos y vendiendo cien autos a lo largo de treinta días.

La efectividad puede ser entendida como la relación que guardan los resultados obtenidos comparados con los resultados planeados, por lo que en la medida en la que no exista diferencia entre estos dos parámetros se estará consiguiendo la máxima efectividad.

En otras palabras, si en un mes fabricamos cien autos, pero solo vendemos setenta, no estaremos siendo efectivos y tendremos problemas futuros de exceso de inventario, de la misma manera que si logramos vender cien autos, pero solo podemos producir cincuenta, tampoco estaremos siendo efectivos pues más adelante sufriremos dificultades de desabastecimiento.

La eficiencia

La eficiencia es la segunda condición del resultado del trabajo en equipo y *busca lograr la máxima productividad de los recursos.*

En el ejemplo que estamos tratando, vamos a suponer que pretendemos conseguir la eficiencia en dos áreas específicas de nuestra empresa: el área de producción y el área comercial.

Dado que la eficiencia puede ser entendida como la relación entre los resultados conseguidos y los recursos utilizados, su valor aumenta en la medida en la que alcanzamos los mismos resultados con menos recursos o en la que logramos más resultados con los mismos recursos.

De esta manera, podemos aumentar la eficiencia en las áreas de producción y la comercial de nuestra empresa si fabricamos y vendemos los cien autos mensuales con una menor cantidad de recursos en cada oportunidad; ya sea porque compramos materias primas a menor precio o porque reducimos nuestros gastos de publicidad, lo que paulatinamente irá disminuyendo el costo de nuestros automóviles, brindándonos la posibilidad de bajar su precio al público, haciéndolos más competitivos.

No obstante, debemos comprender que al momento de centrar nuestra atención exclusivamente en la eficiencia pretendiendo bajar los costos, la meta de fabricar y vender cien autos puede sufrir un descalabro importante, haciéndonos fracasar como líderes, por lo que jamás debes sacrificar la efectividad por conseguir una mayor eficiencia.

La suboptimización

La tercera condición del resultado del trabajo en equipo es la suboptimización, que nos indica que, *para que el resultado global de un equipo sea óptimo, siempre es necesario sacrificar algunos resultados parciales.*

En el ejemplo que estamos utilizando, que consiste en fabricar y vender cien automóviles al mes, esta condición nos ayudará a resolver una pregunta que resulta indispensable plantearnos: ¿hasta dónde es conveniente disminuir los costos de producción, reduciendo la variedad de modelos de autos o viceversa? Reflexionemos por un momento.

Si queremos que el área de producción de nuestra empresa logre la máxima eficiencia, debemos apegarnos al sistema original de Henry Ford; minimizando los costos de fabricación a través de una línea de ensamble en serie capaz de producir un solo modelo y un solo color de automóvil.

Sin embargo, si deseamos la máxima eficiencia de nuestra área comercial, el camino es diametralmente opuesto ya que deberíamos partir del modelo y color que cada uno de nuestros clientes pidiera, lo que nos obligaría a tener disponible una variedad casi infinita de combinaciones, con el consiguiente incremento sustancial de nuestros costos.

Como resulta imposible ganar en todo, es necesario hacer una discriminación consciente, sacrificando algunos resultados parciales, de manera que, tan inconveniente es tener disponible un solo modelo y color de automóvil, como ofrecer una gama demasiado extensa, por lo que el justo medio que beneficia a la empresa entera, implica la suboptimización, tanto de su área comercial, como de su área productiva.

Ten presente que *la efectividad, la eficiencia* y *la suboptimización* son las tres condiciones del resultado del trabajo en equipo, y que tú puedes ser un mejor líder si meditas en lo siguiente:

— ¿Estás convencido de que tu prioridad número uno al frente de tu equipo es encargarte de lograr la efectividad, es decir, de cumplir con la meta?

— Si no lo estás, todavía no has dado el primer paso para convertirte en un líder integral.

— ¿Tienes claro que tu segunda prioridad al frente de tu equipo es buscar conseguir la máxima eficiencia, y que jamás debes invertir el orden de estas dos condiciones?

— Si no es así, corres el riesgo de perfeccionar los «cómo», a costa de perder de vista los «qué», situación que no es permisible para un líder integral.

— ¿Estás consciente de que para lograr un desempeño global óptimo es indispensable suboptimizar algunos de tus recursos?

— Si no lo estás, debes hacer un esfuerzo por aceptar que es imposible tener «diez» en todo, y que hay algunas cosas en las que es más importante ese «diez» que en otras: la meta de tu equipo te resolverá este conflicto.

6

EL TRABAJO EN EQUIPO

E n cuanto a resultados para Kelme, la historia de la *cuarta etapa* fue muy similar a la anterior. Se recorrieron 215 kilómetros entre *Huy*, Bélgica, lugar en donde, desde 1883, se celebra una competencia ciclista clásica denominada *Flèche-Wallonne* y *Verdun*, Francia.

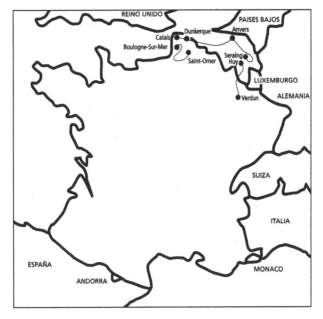

Como siempre, las principales acciones quedaron registradas en mi grabadora:

Todo comienza con una fuga tempranera de diez ciclistas que son alcanzados justo antes de la primera meta intermedia. El pelotón entonces ataca unido la primera y la segunda meta de montaña.

Más adelante, nueve corredores organizan una fuga que les brinda la tercera y cuarta meta de montaña, así como la segunda meta intermedia. Estos nueve hombres llegan a tener más de diez minutos de ventaja sobre el pelotón, que los alcanza antes de salir de Bélgica.

A veinticinco kilómetros de la llegada, tres ciclistas se escapan y, resistiendo un tremendo ritmo de pedaleo, llegan a la heroica ciudad de Verdun *para gozar del aplauso de la gente que llena las calles de esos últimos cuatro kilómetros de esfuerzo.*

Pese a la enorme presión final del grupo que los persigue, dos de ellos logran sacar ventaja y disputan un sprint que gana el competidor francés Laurent Jalabert, del equipo danés «Computer Sciences Corporation, Tiscali», *conocido simplemente como CST.*

Segundos después aparece el primer pelotón de ochenta corredores, entre los que se encuentran cinco de los nuestros. El pedalista australiano O'Grady de Crédit Agricole, llega en ese grupo y logra conservar la camiseta amarilla, mientras que las posiciones por equipo no se mueven. Kelme permanece en el quinto lugar.

Una vez finalizada la etapa, toda la tarde imperó una tensa calma en la ciudad de *Verdun*. A pesar de ser una tranquila región rural en donde se encuentran viñedos por todas partes, todavía se aprecia en el paisaje la memoria de la Primera Guerra Mundial, pues en esta ciudad tuvo lugar la célebre batalla del mismo nombre que, entre 1916 y 1917, escenificaron los franceses al detener el avance de los alemanes y dejar más de 700,000 muertos entre los dos bandos.

En la actualidad se impone el tema de la reconciliación francogermana, por lo que *Verdun* ha sido nombrada Centro Mundial para la Paz y los Derechos Humanos. De ahí la relevancia del verso amenazante que había aparecido en la red del *tour* la noche anterior...

Recuerdo que, en cuanto nos recuperamos de la impresión de leer la oscura copla, Felguérez y yo salimos de la sala de prensa y acudimos a toda prisa a la suite del director general que se encontraba fuertemente custodiada. Los guardias nos agradecieron nuestra colaboración y nos informaron que, al interior, ya estaban trabajando sobre el misterioso tema varios consejeros de seguridad e inteligencia internacional...

El fruto de esa reunión fue evidente desde el momento en que la competencia regresó a Francia, después de haberse desarrollado por varios días en Bélgica. No había la menor duda: alguien había preparado algo especial para el *tour* en *Verdun*, solo era cuestión de tiempo para saber de qué se trataba.

La noche previa a la quinta etapa fue interminable y el nuevo día comenzó mucho antes, aún sin novedades.

Se nos notificó que el inicio de la contienda deportiva se pospondría varias horas para verificar hasta el último detalle de la seguridad, por lo que habría más tiempo para preparar la etapa; sin embargo, lo que todos queríamos era salir cuanto antes de *Verdun*.

Ese día, durante el almuerzo, Felguérez me aconsejó:

—Observe con cuidado doctor Miravalle. Está a punto de ser testigo de una de las manifestaciones más perfectas del *trabajo en equipo*. Le sugiero que esta etapa la viva como un espectador más, para que tenga la oportunidad de aprender de todos los equipos.

Sorbió un par de tragos de su café y siguió diciendo:

—En el ciclismo no hay nada que se le parezca a una prueba contrarreloj por equipos. Todavía tiene unos minutos para darle una leída a lo que dice el reglamento al respecto.

Tomó un trago final de su bebida y se fue a verificar los últimos detalles de la etapa con sus corredores. Mientras tanto, localicé en el artículo 24 de *Le Réglement du Tour de France* la información:

Etapas contrarreloj por equipos

En las etapas contrarreloj por equipos, todos los corredores de cada equipo partirán juntos con cinco minutos de diferencia respecto al equipo anterior y en orden inverso al de la clasificación general por equipos...

El tiempo del equipo en la etapa será igual al tiempo que registre el corredor que finalice en la quinta posición. El mismo tiempo se asignará a todos los miembros del equipo que registren ese tiempo o uno menor...

Para la clasificación general por equipos se contabilizará tres veces el tiempo registrado por el quinto corredor de cada equipo...

La *quinta etapa* se desarrolló en su totalidad en la región de Lorena, situada al noreste de Francia, sobre sesenta y siete kilómetros entre *Verdun* y *Bar-Le-Duc*.

Me ubiqué en un sitio estratégico y seguro, y encendí mi grabadora.

La zona de partida ha sido acordonada dos cuadras a la redonda y solo se permite el paso de peatones que son cuidadosamente revisados por personal de seguridad.

De acuerdo con el reglamento, el equipo francés «Cofidis le Crédit par Téléphone», mejor conocido como Cofidis, será el primero en tomar la salida, ya que va en último lugar, dejando al final a Crédit Agricole, que es el líder. El equipo Kelme arrancará en la posición diecisiete.

El terreno de la etapa es plano, pero comienza a llover y sopla un fuerte viento que dificulta las maniobras de los numerosos helicópteros que están sobrevolando la zona.

Lo primero que resulta interesante observar en este tipo de pruebas es que los corredores se presentan perfectamente uniformados y utilizan una bicicleta y una indumentaria diferente a la que usan en las etapas normales de ruta. La bicicleta y las ruedas especiales son de fibra de carbono, y sobre el manubrio va montado un dispositivo, llamado aero-barra, que permite al ciclista adoptar una postura más aerodinámica y cómoda. Respecto a la indumentaria, los competidores usan un traje ajustado de licra de una sola pieza, llamado bodysuit, *y un casco de forma aerodinámica con los lentes integrados.*

Desde hace varios minutos no han cesado de sonar las sirenas de los diferentes vehículos oficiales que escoltarán a cada equipo participante a lo largo de la etapa para garantizar su seguridad. Al frente de cada equipo irá un par de motocicletas de la policía, enseguida partirán los ciclistas, detrás de ellos un auto con los jueces, después el vehículo de apoyo del equipo y al final del convoy una patrulla.

¡Arranca el equipo Cofidis! La etapa ha comenzado y, de conformidad con las reglas, cada cinco minutos toma la salida un nuevo equipo.

Toda la carretera mantiene un cordón de vigilancia a cargo de elementos del ejército francés y a cada 250 metros se encuentra estacionado un vehículo militar con intercomunicación.

Ya dentro del desarrollo de la etapa observo cómo los equipos, para vencer más fácilmente la resistencia que opone el aire y lograr un ahorro de energía, adoptan una de tres formaciones básicas:

La formación en fila, en donde los corredores se colocan uno tras otro y, en determinado momento, el puntero en turno, que es quien va cortando el aire, da el cambio haciéndose a un lado para permitir el paso de los demás corredores y se forma al final de la fila para recuperarse del esfuerzo. Este tipo de formación es preferida por los equipos Rabobank, Telekom, Kelme y ONCE, entre otros.

La formación en doble fila, en la que los corredores avanzan en dos filas paralelas, por lo que siempre existen dos punteros en turno y el cambio se produce cuando el puntero de la izquierda, adelanta al de la derecha y lo suple. En ese momento, el último corredor de la fila derecha se forma al final de la fila izquierda, con lo que se logra una movilidad circular en el sentido de las manecillas del reloj. Esta formación es utilizada, entre otros, por el equipo Postal.

La formación en «Y» funciona de manera semejante a un embudo que apunta hacia adelante. Al frente del grupo se colocan dos o tres corredores en fila, que serían como el popote del embudo, y en la parte de atrás el resto de los ciclistas se divide en dos filas que forman una «V», cuyo vértice se une con la fila del frente. En esta formación, el puntero saliente se alterna para colocarse una vez al final de la fila izquierda, mientras que el siguiente se colocará al término de la derecha. También de manera alterna, el primer corredor de la hilera izquierda se incorpora a la fila delantera, seguido por el primer pedalista de la fila derecha y así sucesivamente. Esta formación es más compleja y únicamente se ve en el equipo Festina.

En cualquiera de los casos, resulta claro que un corredor funge como capitán para esta prueba y se encarga de coordinar los movimientos del resto de los ciclistas. Además, es muy notorio el constante diálogo entre los integrantes del equipo que les permite, en determinadas ocasiones y de acuerdo a la condición física personal del momento, hacer modificaciones en el orden de los relevos.

A lo largo de esta etapa, y por la naturaleza de la misma, hay muy pocos incidentes: un par de corredores, de diferentes equipos, sufren pinchaduras y dos integrantes del equipo Postal, en un instante de distracción, chocan con sus bicicletas y caen al mismo tiempo. La reacción de sus respectivos equipos es exactamente la misma: disminuyen el ritmo de pedaleo para esperarlos y, una vez reintegrados a la formación, los resguardan sin colocarlos en la punta, mientras se recuperan por completo.

Finalmente, otra situación por demás notoria es que, a pesar de los diferentes potenciales individuales contenidos en cada uno de los equipos, la consigna es la misma para todos: el tiempo del equipo lo marca el quinto corredor. De esta manera, en un equipo de nueve ciclistas hay posibilidad de tener cuatro rezagados, pero no más. Si el quinto hombre comienza a tambalearse, el más fuerte de los que quedan pasa al frente y se encarga de llevar la punta por periodos más prolongados, buscando equilibrar sus fortalezas con las debilidades de los otros. De nada sirve arribar solo a la meta delante de los demás, deben llegar al menos cinco.

¡Parte la última escuadra! Se trata ni más ni menos que de Crédit Agricole, el equipo que encabeza la clasificación general por equipos. La afición francesa se desgaja en una escandalosa ovación de apoyo. Los ciclistas se ven perfectamente concentrados y dispuestos a defender su lugar de honor, por lo que rápidamente adoptan una formación en doble fila y se pierden en el horizonte. La multitud emite un suspiro de alivio, pues todos los competidores han abandonado Verdun a salvo. Solo resta esperar que no se presente ningún ataque durante el trayecto.

Al término de la etapa caminé hasta el sitio en donde saldrían los vehículos que transportarían a todo el personal de soporte e información de *Verdun* a *Bar-Le-Duc*. Los autobuses, que ya se encontraban estacionados en fila, no podían partir hasta que se terminara de despejar el área en la que había sido dispuesta la plataforma de salida de los equipos. Como había bastante gente y la espera sería larga, decidí comprar una bebida y permanecer sentado en las bancas mientras redactaba mis conclusiones del día. Felguérez tenía razón: en esa etapa aprendí más sobre el *trabajo en equipo* que con la lectura de muchos libros y el estudio de varios seminarios.

NORMAS DEL TRABAJO EN EQUIPO

1. Identidad

   Todo equipo debe definir una serie de valores que lo distingan de los demás y lo hagan único. Esta identidad debe ser conocida por todos los miembros y debe tener manifestaciones concretas que se propaguen por todos los medios posibles, de tal manera que atraiga a personas con valores similares y aleje a individuos con valores opuestos.

   Una de las manifestaciones concretas de la **identidad** fue el uso del uniforme, aunque es necesario precisar que hubo muchas otras señales menos visibles que imprimieron un sello particular a cada equipo y les concedió una personalidad propia.

2. Equipamiento

   Todo equipo debe contar con los elementos mínimos indispensables para llevar a cabo sus tareas. Este equipamiento debe considerar aspectos materiales, tecnológicos, financieros, humanos y de información.

   Las bicicletas y la indumentaria especial fueron buenos ejemplos del **equipamiento** necesario para tener mayores posibilidades de éxito en una prueba contrarreloj.

3. Respeto

   Todo equipo debe manifestar un profundo respeto por su líder y por la dignidad de cada uno de los miembros. Este respeto debe ir más allá de la simple obediencia o la evasión de conflictos.

   Fue notorio el **respeto** de los corredores hacia el capitán del equipo quien, por cierto, es designado por el entrenador y mantiene comunicación directa con él por medio de un radio transmisor.

4. Comunicación

   Todo equipo debe establecer canales que permitan un rápido flujo de información y faciliten la toma de decisiones. Esta comunicación debe darse en tres sentidos: hacia abajo con los subordinados, hacia arriba con los superiores y hacia los lados con los iguales.

Además del radiotransmisor del entrenador y del capitán del equipo, el diálogo frecuente entre los corredores fue un ejemplo de la **comunicación** que les permitió, entre otras cosas, adecuar el orden de los relevos en función de su nivel de desgaste.

5. Sincronización

Todo equipo debe elegir un método dinámico de trabajo con base en las características de los recursos con los que cuenta. Esta sincronización debe especificar con claridad el espacio y el tiempo en que intervendrá cada uno de sus integrantes.

La utilización de una formación para vencer mejor la resistencia del aire exigió una **sincronización** que, cuando falló, derivó en incidentes como la caída de los corredores del equipo Postal.

6. Solidaridad

Todo equipo debe responder por cada uno de sus miembros, particularmente por los más desfavorecidos. Esta solidaridad permitirá mantener la unión del equipo en las situaciones favorables y, principalmente, en las desfavorables.

Cuando un corredor pinchaba o se caía, su única esperanza para salir adelante radicaba en el grado de **solidaridad** de sus compañeros; sin ellos, él estaba perdido, pero al mismo tiempo, ellos sin él estarían en desventaja futura.

7. Bien común

Todo equipo debe comprender que el bien común siempre será más importante que el beneficio particular. La mejora del bien común siempre redundará en la del bien particular.

De nada servía llegar solo a la meta delante de todos, había que llegar juntos. En una prueba contrarreloj por equipos, el logro del equipo beneficiaba al individuo, mientras que el logro del individuo en solitario, no lo beneficiaba a él y sí perjudicaba a su equipo.

No bien había terminado de escribir mis notas, cuando los altavoces anunciaron que podíamos abordar los autobuses. Se hizo una larga fila mientras yo recogía y acomodaba mis pertenencias. Cuando por fin me formé, el primer vehículo colectivo arrancó y emprendió el camino a *Bar-Le-Duc*.

Pasaron cuando mucho quince segundos antes de que se escuchara una estruendosa serie de breves explosiones y volaran por los aires trozos de metal retorcido y partículas de cristal.

El primer autobús había estallado en pleno centro de *Verdun*.

ACTIVIDAD

Repasemos las normas que facilitan el trabajo en equipo... Pensemos que somos los responsables de un noticiero radiofónico.

La identidad

Todo equipo debe definir una serie de valores que lo distingan de los demás y que lo hagan único. A esto le llamamos identidad. Esta identidad debe ser conocida por todos los miembros y debe tener manifestaciones concretas que se propaguen por todos los medios posibles, de tal manera que atraiga a personas con valores similares y aleje a individuos con valores opuestos.

En principio, el nombre de nuestro noticiero y su característica banda sonora nos harían diferentes de otros programas, pero no es lo único. Si observamos con mayor detenimiento, podríamos percatarnos de que el logotipo y el eslogan son otros dos elementos que contribuirían a la causa que estamos analizando. Y qué decir del formato y de sus particularidades.

En otras palabras, si hiciéramos un atento ejercicio de observación de cualquier organización, podríamos identificar fácilmente todos los elementos que la componen y que la hacen diferente y única.

El equipamiento

Todo equipo debe contar con los elementos mínimos indispensables para llevar a cabo sus tareas, a esto le conocemos como equipamiento y debe considerar aspectos materiales, tecnológicos, financieros, humanos y de información.

En nuestro ejemplo, podríamos referirnos al personal de nuestro noticiero y a sus correspondientes instrumentos de trabajo.

Imaginemos por un momento todo lo que involucraría el área de información del noticiero, tomando en cuenta a los reporteros y corresponsales con sus equipos de transporte y comunicación. Ahora pensemos en la redacción y en todas las personas y computadoras que serían necesarias para procesar la información que se recibiera a cada momento.

Y ni hablar del área de edición con sus técnicos y sofisticados equipos que lograrían darle a la información un formato útil para ser transmitido al aire. Esto nos llevaría a considerar también al equipo de operación, que incluiría desde quien contestaría los teléfonos, hasta el personal de cabina que sería responsable de darle vida al noticiero y, por supuesto, no podríamos olvidar al conductor del mismo y todo lo que necesitaría tener en su mesa de trabajo, comenzando con el guión del programa...

En fin, sin un adecuado equipamiento, sería imposible llevar a cabo nuestra labor al frente del noticiero.

El respeto

Todo equipo debe manifestar un profundo respeto por su líder y por la dignidad de cada uno de sus miembros, por lo que debe ir más allá de la simple obediencia o la evasión de conflictos.

En el ejemplo que estamos tratando, es importante reconocer que la pluralidad de opiniones que se admitieran en nuestro espacio informativo sería un buen modelo de convivencia respetuosa.

Nuestro eventual compromiso de leer al aire todas las llamadas telefónicas de los radioescuchas, así como la sana costumbre de entrevistar a personajes de las más diversas corrientes ideológicas, serían manifestaciones públicas de algo que debería imperar en lo privado: un profundo respeto por las personas que, tal como lo hemos señalado con anterioridad, no solo propiciaría un ambiente constructivo en el que los conflictos naturales que se presentaran en nuestra organización se resolverían de una manera edificante, sino que evitaría que imperara la posición del más fuerte, porque se escucharían las razones de todos los involucrados y se obraría con buen juicio.

La comunicación

Todo equipo debe establecer canales que permitan un rápido flujo de información y que faciliten la toma de decisiones. Esta norma se denomina comunicación y para que sea efectiva debe darse en tres sentidos: hacia abajo con nuestros colaboradores, hacia arriba con nuestros superiores y hacia los lados con nuestros iguales.

En nuestro noticiero deberíamos mencionar todos los dispositivos que nos ayudarían a no perder el enlace con las noticias: monitores, teléfonos, faxes, celulares, radio localizadores e Internet, pero esos elementos no podrían cumplir con su objetivo si no tuviéramos establecidos canales de comunicación —formales e informales— que agilizaran la toma de decisiones.

De acuerdo con mi experiencia, la falta de atención a este punto es uno de los errores más frecuentes que cometen quienes encabezan un grupo, dando por sentado que todo el mundo sabrá qué, a quién y cómo informar, por lo que deberíamos asegurarnos de no caer en esa misma falla y establecer claramente los canales de comunicación necesarios.

La sincronización

Todo equipo debe elegir un método dinámico de trabajo con base en las características de los recursos con los que cuenta. A esto lo denominamos sincronización y debe especificar con claridad el espacio y el tiempo en que intervendrá cada uno de sus integrantes.

¿Te imaginas nuestro noticiero sin esta característica? Es por eso que en cada emisión se elaboraría un guión que debería seguirse.

Ese guión establecería claramente los momentos y la duración de cada una de las secciones fijas del programa: bienvenida, efemérides, resumen inicial, reportajes de fondo, deportes, espectáculos, nacional, colaboraciones, entrevistas, lectura de llamadas y despedida.

Sin esta guía que coordinaría el trabajo de todas las personas que participarían en nuestro programa, lo que estaríamos escuchando sería una improvisación desordenada que además de dejar insatisfechos a nuestros radioescuchas, seguramente nos provocaría numerosos conflictos internos.

La solidaridad

Esta norma se refiere al hecho de que todo equipo debe responder por cada uno de sus miembros, particularmente por los más débiles. La solidaridad permitirá mantener la unión del equipo en las situaciones favorables y, principalmente, en las desfavorables.

En nuestro noticiero, podríamos hablar de lo que ocurriría cuando un reportero se enfermara o sufriera algún accidente y acordaríamos que inmediatamente se le apoyaría en lo personal y se le supliría en lo laboral. De esta forma, al mismo tiempo de que la solidaridad sería la única esperanza para la permanencia en el equipo de un compañero en desgracia, el propio equipo garantizaría su funcionamiento cotidiano a pesar de esa ausencia temporal, de manera que cuando se regularizaran las cosas, el resultado sería un equipo más fortalecido.

Habría que recordar que una cadena siempre se rompe por el eslabón más débil y que, una vez rota, pierde su utilidad.

El bien común

Todo equipo debe comprender que el bien común siempre será más importante que el beneficio particular.

La mejora del bien común siempre redundará en la del bien particular y, en nuestro ejemplo, mencionaríamos que en muchas ocasiones las opiniones que se vertieran en nuestro espacio informativo generarían reacciones en contra, sin embargo, nuestro compromiso con la verdad estaría por sobre todo ello.

Por eso, cada vez que nuestra audiencia escuchara en nuestras transmisiones que «la verdad es el principal valor de nuestro noticiero», deberían tener la certeza de que, a pesar de que la verdad pudiera ser incómoda para algunas figuras públicas porque perjudicaría sus intereses privados, para el conjunto de la sociedad representaría uno de los elementos que generaría mayor beneficio colectivo, por lo que siempre haríamos lo necesario para preservarla.

Ten presente que las normas del trabajo en equipo son siete: *identidad, equipamiento, respeto, comunicación, sincronización, solidaridad* y *bien común*, y que tú puedes ser un mejor líder si reflexionas sobre lo siguiente:

— ¿Tiene tu equipo una identidad definida que es conocida por todos los miembros?

— Si no la tiene, defínela; y si no es conocida por todos, comunícala cuanto antes.

— ¿Cuenta tu equipo con todos los elementos materiales, tecnológicos, financieros, humanos y de información para llevar a cabo sus tareas?

— Sé que a veces es difícil satisfacer este punto al cien por ciento, pero al menos debemos procurar que no existan carencias graves que nos impidan alcanzar la meta.

— ¿Existe claridad en tu equipo acerca de la importancia de mantener el respeto por el líder y por la dignidad de todos sus miembros?

— La manifestación más clara que puedes darle a tu equipo consiste en tu actitud personal respecto a este tema. Recuerda: las palabras convencen, pero el ejemplo arrasa.

— ¿Tienes establecidos en tu equipo canales de comunicación formales e informales que agilicen la toma de decisiones?

— Asegúrate de tener resuelto este tema, además de que todos los integrantes de tu equipo lo comprendan a la perfección.

— ¿Posee tu equipo un método dinámico de trabajo?

— Esto garantiza que las funciones se ejecuten con precisión en los tiempos y espacios convenidos, por lo que si no cuentas con este método, tienes una labor importante que realizar cuanto antes.

— ¿Puedes identificar a los integrantes más débiles de tu equipo y enumerar las iniciativas que tienen por objetivo compensar sus debilidades?

— Si no eres capaz de hacer ambas cosas, tendrás dificultades para mantener la cohesión del grupo en el mediano plazo, pues tarde o temprano, la cadena se romperá y dejará de funcionar.

— ¿Estás consciente de que el bien común de tu equipo siempre será más importante que el beneficio particular de cualquiera de sus integrantes?

— Si no lo estás, seguramente tomarás decisiones en las que, aunque tu intención sea la de ayudar a alguien, terminarán por revertirse en contra del conjunto.

EJERCICIO INTEGRADOR I

Modelo
"Liderazgo Integral C3"

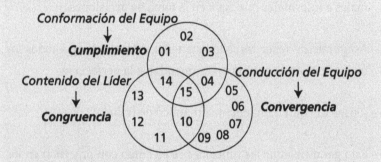

A partir de los cuatro primeros principios básicos de liderazgo relativos a la conformación del equipo:

01: La importancia de la meta
02: Los pasos para el cumplimiento de una meta
03: Las condiciones del resultado del trabajo en equipo
04: Las normas del trabajo en equipo

Realiza un diagnóstico de tu desempeño como líder integral de tu equipo, identificando tus fortalezas (al menos cinco) y tus debilidades (al menos tres), y haciendo una relación de las acciones que te permitirán subsanar tus deficiencias.

7

EL PODER

La movilización fue inmediata. Rápidamente bajaron quienes ya habían abordado el segundo autobús y todos nos apresuramos a alejarnos de los camiones. El intenso aullar de las sirenas opacó por completo el crujido de las llamas que consumían sin misericordia al vehículo.

La dantesca escena penetró por mis ojos y me quitó el habla. Sentí que la cabeza me daba vueltas y en medio del tumulto busqué un rincón para sentarme.

Abracé mi maleta, recargué en ella el rostro y comencé a llorar. Recordé que no lo había hecho desde el día en que se accidentó el pequeño avión en el que viajaba con mi esposa rumbo a una retirada playa en donde celebraríamos diez años de matrimonio. Ahí conocí el terror que acompaña a la impotencia; ahí mismo comenzó la migraña...

Lentamente pasaron los minutos y de manera paulatina se fue recobrando la calma colectiva. El terrorismo había cumplido su segunda promesa y esta vez era imposible ocultarle el suceso al mundo.

Una vez que el equipo de seguridad especializado terminó de revisar los autobuses fue posible viajar a *Bar-Le-Duc*, donde me recibió Felguérez con un fuerte abrazo.

—¡Cuánto me alegro que esté con nosotros!

—Muchas gracias —murmuré cerca de su oído.

—Vaya y llame de inmediato a su hogar —me sugirió—. Su esposa está muy preocupada.

Seguí su consejo y fui a la sala de prensa, en cuya puerta habían colocado un gran moño negro.

Lleno de nerviosismo tomé un teléfono y marqué a casa. La línea tardó un tiempo en hacer conexión y otro tanto en comenzar a sonar. En cuanto contestaron me apresuré a hablar.

—¡Amor!

—¡Gracias a Dios que estás bien! Los noticieros no han dejado de hablar del atentado. Estaba tan preocupada por... —su voz se quebró y no pudo terminar la frase.

—¡Te amo! —fue lo único que pude decir antes de comenzar a llorar con ella.

Pasaron algunos segundos.

Al fin pude balbucear un poco.

—Re... re... recuerda, amor, que nadie muere en la víspera. Si aún estoy vivo quiere decir que todavía tengo cosas por hacer.

—¡Tienes que regresar de inmediato! —suplicó—. ¡No sabría que hacer si algo te pasara!

—No puedo regresar ahora —expliqué con ternura, ignorando conscientemente la segunda parte de su súplica—, no mientras no haya concluido mi deber...

Seguimos intercambiando por largo rato nuestros temores y esperanzas, de modo que una vez que ambos nos habíamos desahogado, terminamos nuestra conversación con un recíproco «te amo». Luego, antes de abandonar la sala de prensa envié mis conclusiones al doctor Osborne.

Sin cenar, tomé un par de aspirinas y me fui a dormir. Había sido un día agotador...

El nuevo día trajo consigo una nueva etapa que, ya por la noche, después de la junta con el equipo, comentamos Felguérez y yo.

—La *sexta etapa* —reseñé—, con 211 kilómetros, salió de la región de Lorena, en el poblado de *Commercy*, famoso por sus exquisitas *madeleines*, los deliciosos panqués franceses, y tuvo la meta final en la región de Alsacia, llegando a la ciudad de *Strasbourg*, sede del Consejo de Europa y del Parlamento Europeo. A lo largo del recorrido los ciclistas pasaron tres metas volantes y tres de montaña, la última de ellas representó una muestra de lo que sería al día siguiente la escalada por los Montes Vosgos.

—¿Qué fue lo que más le llamó la atención de la etapa? —preguntó Felguérez.

—Definitivamente la fuga de más de 160 kilómetros, encabezada por el corredor belga Axel Merckx —contesté sin dudar.

—En efecto —señaló—, eso fue lo más sobresaliente. ¿Se acuerda de los detalles de la fuga?

—Recuerdo que salieron cinco corredores encabezados por Axel Merckx después de la primera meta intermedia...

—En el kilómetro cuarenta y cinco —completó.

—Y entre ellos se repartieron las metas intermedias y los puertos de montaña que restaban. Creo que llegaron a tener un poco más de tres minutos de ventaja sobre el pelotón y soportaron las subidas, las bajadas, la lluvia, todo, excepto el último ataque del pelotón que les dio alcance ya dentro de la ciudad de Strasbourg, como a tres kilómetros de la meta. La llegada fue en grupo y las clasificaciones no se modificaron. ¡Realmente fue una lástima! —expresé con tristeza—. Me habría gustado que, después de todo el esfuerzo que habían desarrollado, alguno de ellos hubiera sido el ganador de la etapa.

—A mí me hubiera gustado mucho que ganara el joven Axel Merckx. ¿Le resulta familiar ese apellido? —preguntó con curiosidad.

—Sí —contesté rápidamente—, he escuchado que Merckx fue un gran ciclista.

—El belga Eddy Merckx ha sido el mejor ciclista de ruta de todos los tiempos, hasta ahora —dijo con autoridad—. Entre otras cosas, tiene los mejores números del *tour*. Al igual que él, los corredores franceses Bernard Hinault y Jacques Anquetil, y el español Miguel Indurain ganaron cinco veces esta prueba, pero Eddy Merckx venció en treinta y cuatro etapas, mientras que Hinault conquistó veintiocho, Anquetil dieciséis e Indurain doce. ¡No por nada le apodaban «El Caníbal»! Literalmente se comía a sus rivales... —Felguérez tenía puesta su mente en el pasado y se tomó unos segundos antes de proseguir—. El día de hoy a Axel le faltó el apoyo de su equipo, aunque no es pretexto, ya que su padre no lo hubiera necesitado. Si en esta etapa Eddy Merckx hubiera montado la bicicleta de su hijo Axel, tenga la certeza de que habría ganado y habría llegado solo a la meta. Eso fue lo que hizo aquí mismo en 1971...

La enseñanza histórica sobre el ciclismo de ruta continuó mientras nos dirigíamos a la sala de prensa para revisar nuestra correspondencia electrónica.

Me había llegado un correo marcado como urgente del doctor Osborne.

Doctor Miravalle:

No sabe cuánto me alegra que haya salido con bien del atentado terrorista. Tal como se lo hice saber en nuestra entrevista, su viaje no iba a estar exento de peligros, por lo que le reitero mi advertencia de que esté alerta y se cuide mucho. Los grupos terroristas tienen bastante *poder* y cada día lograrán más, a menos que la gente se percate de las limitaciones inherentes al sustento del *poder* público que detentan.

Más adelante en este mensaje me explicaré con detalle, pero antes permítame comentar lo que hasta ahora llevamos avanzado. He recibido y analizado minuciosamente todos los escritos que me ha enviado. Solo hay algunos detalles menores que le he comunicado a su esposa. Ella está tomando nota de todo y seguramente no tendrá problema en afinarlos. Considero conveniente ir esbozando el marco organizador que dará forma y sentido definitivo a todas las conclusiones parciales.

La primera información que me ha enviado, correspondiente a *la meta, los pasos y el resultado,* sin duda forma parte de un conjunto al que llamaría *los principios relativos a la conformación del equipo,* es decir, *aquellos elementos indispensables para comprender el camino a seguir e identificar al equipo con su meta.*

Sin embargo, y aun cuando la información referente al *trabajo en equipo* puede caer en ese mismo conjunto, también abre las puertas de un segundo conjunto al que nombraría *los principios relativos a la conducción del equipo,* en otras palabras, *aquellos elementos útiles para facilitar el desempeño de un equipo que busca alcanzar una meta.*

Como puede ver, se trata de una primera idea respecto al marco organizador, pero tenemos que seguir pensando en ello.

Regreso ahora al tema del *poder,* que sin duda forma parte importante de ese segundo conjunto de principios que le he definido. El *poder* es el talento del líder para influir en el comportamiento de los demás y tiene su origen en una o varias de las:

FUENTES DEL PODER

1. Posición

Se fundamenta en la designación para encabezar un grupo de personas. Es la fuente de **poder** más vulnerable de todas, puesto que se basa en la decisión de terceros. Para un inicio está bien, mas pronto debe complementarse con alguna otra fuente para que se fortalezca.

2. Postura

Tiene su origen en la manera como una persona dice o hace las cosas, lo cual, en muchas ocasiones, es más importante que el contenido. Sin embargo, esta fuente de **poder** se desvanece cuando quien la ejerce se siente presionado a respaldar sus dichos o hechos, y no cuenta con otra fuente que le brinde solidez.

3. Premio

Está determinado por la capacidad de otorgar estímulos a los miembros de un grupo, estímulos que pueden ser tanto positivos, es decir premios, como negativos, o sea, castigos. Esta fuente de **poder** es tan duradera como lo sea la posibilidad de seguir estimulando y la equidad con la que se lleve a cabo el proceso.

4. Promesa

Tiene su raíz en la capacidad de ofrecer estímulos futuros a los miembros de un grupo, los cuales pueden ser positivos, como recompensas, o negativos, como amenazas. Esta fuente de **poder** es proporcional a las expectativas o temores de la gente, así como a la capacidad percibida de un eventual cumplimiento de la promesa.

5. Persuasión

Se genera en la capacidad de convencer a los demás. Independientemente de la validez o veracidad de los argumentos en los que se base la persuasión, si se dispone de suficiente facilidad de palabra y tenacidad, se terminará por convencer a casi todo el mundo. Esta fuente de **poder**, correctamente utilizada, es prácticamente inagotable.

6. Prestigio

Se produce con el respaldo de conocimientos o experiencias que, ante los miembros de un grupo, son importantes. Es necesario señalar que si la gente no considera valiosos los antecedentes, el prestigio es nulo. Esta fuente de **poder** es muy útil en un inicio, pero si no se reafirma con la siguiente fuente, resulta contraproducente.

7. Pericia

Tiene su respaldo al demostrar con pensamientos, decisiones y acciones que se es el más capaz para conducir a un grupo. Esta fuente supera con mucho a las anteriores y, mientras el líder continúe demostrando su talento, no habrá quien cuestione su **poder**.

8. La persona misma

Tiene su fundamento en la capacidad de cautivar de tal manera a los miembros de un grupo que se les inspire a ser como uno. Esta es la fuente suprema de donde emana el **poder** más permanente; la aspiración que se pueda generar en otros para que quieran llegar a ser como uno, no tiene nada que se le compare.

Como seguramente ya se percató, doctor Miravalle, el *poder*, al igual que el resto de los temas que se han abordado hasta este momento, puede ser utilizado tanto para hacer el bien, como para hacer el mal.

En el caso de los terroristas que acechan el *tour*, puede dar por hecho que definieron una *meta*, han seguido *los pasos* para conseguirla, conocen las condiciones para lograr *el resultado* y aplican las normas para *el trabajo en equipo* a la perfección.

Donde comienza a ser vulnerable su perversa organización es en las limitaciones inherentes al sustento del *poder* público que detentan.

Me explico: sin duda cuentan con el *poder* que da la posición, puesto que es un hecho su existencia y la de sus altos mandos. También cuentan con el *poder* que brinda la postura, ya que son unos genios en la intimidación.

Además cuentan con el *poder* que proporciona el premio, debido a los castigos que imponen a la sociedad. Por último, cuentan con el *poder* de la promesa, en virtud de sus amenazas y su innegable capacidad para cumplirlas.

Sin embargo, ya no pueden seguir adelante con los siguientes niveles de *poder* porque el fundamento de su discurso no va de acuerdo con la preservación y mejoramiento de la sociedad. De tal suerte que es imposible que logren *poder* público de persuasión, prestigio, pericia o persona, aun cuando al interior de sus organizaciones es posible que sí lo tengan.

¿Se da cuenta de la importancia de este punto doctor Miravalle?

Alguien tiene que decirle al mundo que lo más que pueden hacernos los grupos terroristas es amenazarnos y cumplir con sus amenazas, pero jamás nos podrán convencer de que el mejor camino para la sociedad es el de la violencia y la anarquía que nos proponen. Su *poder*, por tanto, es limitado. Ese alguien, doctor Miravalle, será nada menos que la ONU a partir del trabajo que estamos realizando. Sobra decir que el bienestar de mucha gente dependerá de la calidad de nuestro proyecto. Tenemos una altísima responsabilidad, ¿no lo cree?

Le envío un afectuoso saludo y lo exhorto a seguir adelante con valentía.

Después de leer la posdata, asegúrese de borrar este mensaje y obtener una nueva cuenta de correo electrónico. Existen indicios que me hacen pensar que su trabajo está siendo rastreado. Evite hacer llamadas telefónicas y tenga mucha precaución.

P.D.: En el nada remoto caso de que se le presente una situación de emergencia extrema, diríjase a cualquier miembro de la policía o las fuerzas armadas internacionales y mencióneles el código «*Soleil Miró*».

Terminé de leer el correo y procedí a borrarlo de acuerdo con sus instrucciones. Las preguntas me asaltaban una tras otra. ¿Cuál sería el significado real de «*Soleil Miró*»? ¿En verdad iba a ser necesario utilizar ese código? ¿Cómo es que el doctor Osborne lo conocía? ¿Tendría esto alguna relación con su reciente parálisis? ¿Acaso habría alguna faceta de su vida que me era completamente desconocida aun después de haber trabajado de cerca con él por más de veinte años?

ACTIVIDAD

Te propongo un ejercicio: piensa en la imagen más grande de liderazgo que te venga a la mente; puede tratarse de un personaje real o ficticio, vivo o muerto, lo importante es que su recuerdo te llene de inmediato con esa sensación de que existe un responsable del mando. ¿Ya lo tienes? ¡Bien!

Ahora te invito a descubrir en cuáles fuentes cimenta su poder.

1. El poder de la posición: se fundamenta en la designación para encabezar un grupo de personas.

De esta manera, si tu líder favorito es el presidente de un país, el director general de una empresa o el entrenador de un equipo deportivo, para que puedan utilizar el poder de la posición es indispensable que alguien les haya otorgado el cargo.

De otra forma, si no cuentan con el nombramiento oficial, no quiere decir que no tengan poder, únicamente significa, como lo veremos más adelante, que lo ejercerán a través de alguna otra de las siete fuentes del poder restantes.

La posición es la fuente del poder más vulnerable de todas, puesto que se basa en la decisión de terceros, por lo que para un inicio está bien, mas pronto debe complementarse con alguna otra fuente para que se fortalezca.

Ahora bien, para saber si alguna persona tiene un poder de posición mayor que otra, solo debemos comparar el rango jerárquico de ambas. Recuerda el dicho que sostiene que «organigrama mata todo», el cual, como todos los conceptos de la cultura popular, encierra mucho de verdad.

2. El poder de la postura: tiene su origen en la manera como una persona dice o hace las cosas lo cual, en muchas ocasiones, es más importante que el contenido mismo.

¿Has observado con detenimiento la forma en la que tu líder favorito se desenvuelve en público?

Si utiliza el poder de la postura, seguramente te habrás percatado de que, independientemente de la esencia del mensaje que transmite, la entonación con la que habla, la forma en que utiliza las pausas, la gesticulación facial y corporal, y su estilo de vestir, entre otras cosas, reafirman lo que comunica haciendo su mensaje mucho más creíble.

Sin embargo, esta fuente del poder se desvanece cuando quien la ejerce se siente presionado a respaldar sus dichos o hechos, y no cuenta con otra fuente que le brinde solidez.

Un ejemplo muy claro de esta situación ocurre cuando, aquel que acostumbra apostar en los juegos de baraja cerrados y carece de una buena mano, falla en su intento de intimidación y es obligado a mostrar sus cartas cuando otro jugador le paga por ver.

Ahora bien, tan importante resulta la posición como fuente del poder en determinadas actividades que, por ejemplo, seguramente has escuchado decir que en la política, la forma es fondo.

3. El poder del premio: está determinado por la capacidad de otorgar estímulos a los miembros de un grupo, estímulos que pueden ser tanto positivos, es decir premios, como negativos, o sea, castigos.

Te invito a que hagas presente nuevamente en este momento a tu líder favorito y reflexiones si utiliza el premio como fuente del poder.

Si es así, de seguro se ha ganado la imagen de una persona magnánima y severa, puesto que, al mismo tiempo que acostumbra ser espléndido en cuanto a los premios que otorga, también se caracteriza por ser drástico con quienes no cumplen con los asuntos que le interesan.

Esta fuente del poder es tan duradera como lo sea la posibilidad de seguir estimulando y la equidad con la que se lleve a cabo el proceso, por lo que si al líder se le agotan los premios o castigos, o los distribuye de manera injusta, inmediatamente perderá su poder de premio.

Seguramente te has dado cuenta de que en nuestra cultura laboral está muy extendida la regla de la zanahoria y el garrote, en la que al subordinado se le asemeja a un burro que, para avanzar, por una parte necesita ver un premio, es decir la zanahoria, mientras que por otra requiere de un castigo, o sea el garrote. Ahora sabemos que si bien esta analogía es funcional, de ninguna manera puede ser suficiente para conducir seres humanos.

4. El poder de la promesa: tiene su raíz en la capacidad de ofrecer estímulos futuros a los miembros de un grupo, los cuales pueden ser positivos, como recompensas, o negativos, como amenazas.

¿Reconoces en tu líder favorito la utilización de esta fuente del poder?

En otras palabras, si se trata de un personaje que puede por igual, ofrecer atractivas recompensas o expresar intimidantes amenazas, entonces tu líder favorito basa una parte de su poder en la promesa.

De hecho, esta es una de las fuentes más utilizadas puesto que, a diferencia de la que revisamos líneas atrás, en la que efectivamente se otorgan los premios o los castigos convenidos, quienes practican el poder de la promesa no es necesario que cumplan de inmediato con las recompensas o amenazas vertidas.

Por lo mismo, esta fuente del poder es proporcional a las expectativas o temores de la gente, así como a la capacidad percibida de un eventual cumplimiento de la promesa, pero se pierde en definitiva si, una vez que llega el plazo pactado, el líder no cumple con lo que ofreció.

5. El poder de la persuasión: se genera en la capacidad de convencer a los demás. Independientemente de la validez o veracidad de los argumentos en los que se base la persuasión, si se dispone de suficiente facilidad de palabra y tenacidad, se terminará por convencer a casi todo el mundo.

¿Recuerdas al personaje que has elegido desde las reflexiones anteriores como tu líder favorito?

Seguramente reconocerás en él un gran poder de persuasión, puesto que la mayoría de las personas que tienen éxito al conducir a otros se caracterizan por dominar esta habilidad que, correctamente utilizada, es prácticamente inagotable.

El gran secreto de la persuasión consta de dos aspectos: primero, en saber decir las cosas, y segundo, en repetir, repetir y repetir el mensaje. Y el mejor ejemplo de ello es la publicidad. ¿Cuántas veces no hemos sido convencidos a realizar una compra, visitar un establecimiento o utilizar un servicio de determinada marca, después de ver o escuchar en innumerables ocasiones el mensaje de un anunciante?

6. El poder del prestigio: se produce con el respaldo de conocimientos o experiencias que, ante los miembros de un grupo, son importantes. Es necesario señalar que si la gente no considera valiosos los antecedentes, el prestigio es nulo.

¿Recuerdas cómo conociste al personaje que ahora es tu líder favorito y la manera en la que fue ganando tu preferencia hasta convertirse en la imagen que tienes presente?

Sin lugar a dudas, esto sucedió a través de su prestigio. De hecho, esta fuente del poder es la más extendida pues una vez que se goza de la fama en algo, esta fama corre de boca en boca y se convierte en una bola de nieve que crece conforme avanza.

Crea fama y échate a dormir, dicta la sabiduría popular, aseveración que es válida tanto para bien como para mal, y nos muestra lo cuidadosos que debemos ser con nuestra imagen personal que, sin duda, es una de nuestras mayores riquezas.

El prestigio como fuente del poder es muy útil en el inicio de la conducción de un grupo de personas pero, si no se reafirma con la pericia, fuente que analizaremos a continuación, resulta contraproducente.

7. El poder de la pericia: tiene su respaldo al demostrar con pensamientos, decisiones y acciones que se es el más capaz para conducir un grupo.

De hecho, aunque primero se demuestra la pericia, y después se obtiene el prestigio, éste se vuelve crucial pues, como lo dijimos antes, en un primer momento se esparce como la pólvora y lleva a dimensiones insospechadas el relato de la pericia original.

Ahora bien, en un segundo momento, ya que el prestigio ha realizado su labor, es indispensable que nuevamente se demuestre la pericia, a fin de que el poder quede completamente reafirmado.

Piensa por un instante en tu líder favorito y reconstruye mentalmente su historia: seguramente en un principio nuestro personaje llevó a cabo alguna acción o tomó alguna decisión digna de ser señalada, con lo que demostró su pericia y comenzó a construir su prestigio, mismo que fue ampliamente difundido y construyó una imagen que, en el momento que fue requerida en algún otro lugar, se reafirmó a través de una nueva demostración de pericia y así, sucesivamente.

Como podrás darte cuenta, esta fuente del poder supera con mucho a las anteriores y, mientras el líder continúe demostrando su talento, no habrá quien cuestione su poder.

8. El poder de la persona misma: tiene su fundamento en la capacidad de cautivar de tal manera a los miembros de un grupo que se les inspire a ser como uno.

Nuevamente te pido que hagas presente a tu líder favorito y que respondas a la siguiente pregunta: ¿en verdad te gustaría ser como ese personaje?

Invariablemente la respuesta debe ser afirmativa, ¿por qué razón? Porque para que cada uno de nosotros haya seleccionado a un personaje como modelo a seguir, significa que hemos descubierto en él o ella una serie de características que admiramos y que desearíamos poseer en la misma medida. Es más, en el eventual caso de que tuviéramos la oportunidad de recibir un consejo de este líder nuestro, sin lugar a dudas llevaríamos a cabo su recomendación al pie de la letra.

Esta circunstancia hace que el poder de ese personaje hacia nosotros sea ilimitado, por lo que podemos asegurar que la persona misma es la fuente suprema de donde emana el poder más permanente. La aspiración que se puede generar en otros para que quieran llegar a ser como uno, no tiene nada que se le compare.

Pero, ¿hasta cuándo dura esta fuente del poder? Pues hasta que nuestro personaje modelo cometa un grave error de incongruencia o hasta que nosotros mismos hayamos alcanzado un nivel superior en las características que originalmente admiramos de nuestro líder.

Ten presente que las fuentes del poder son ocho: *posición, postura, premio, promesa, persuasión, prestigio, pericia* **y** *la persona misma,* **y que tú puedes ser un mejor líder si reflexionas sobre lo siguiente:**

— ¿Cuentas con un nombramiento formal para encabezar a tu equipo?

— Si no lo tienes, tu situación es delicada, pero si lo posees, apenas es el primer paso de un largo camino.

— ¿Estás de acuerdo en que en muchas ocasiones la forma es más importante que el fondo de un asunto determinado?

— Si no estás de acuerdo, con seguridad has dejado pasar la oportunidad de hacer valer el poder de la postura.

— ¿Cuentas con la capacidad de otorgarles premios y castigos a los miembros de tu equipo?

— Si no la tienes, debes negociar para adquirirla; te será de mucha ayuda.

— ¿Cuentas con la capacidad de recompensar y amenazar a los miembros de tu equipo?

— Si no cuentas con ella, estarás limitado. Pero si la posees, debes tener mucho cuidado en no abusar de esta fuente de poder; ya que puede resultarte contraproducente a mediano plazo.

— ¿Es reconocida por tu equipo tu capacidad de convencimiento?

— Si no lo es, significa que tienes una debilidad de persuasión que debes corregir a la brevedad.

— ¿Cuentas con un respaldo de conocimientos y experiencias que, a ojos de los miembros de tu equipo, son importantes?

— Si no lo tienes, tu prestigio es pobre y tu poder prácticamente nulo: rescata y comunica de inmediato tus antecedentes más relevantes.

— ¿Demuestras frecuentemente con pensamientos, decisiones y acciones que eres la persona más capaz de tu grupo para conducirlo?

— Si no lo haces, preocúpate en hace demostraciones periódicas, te fortalecerán como pocas cosas.

— ¿Te consideras una persona digna de ser tomada como modelo de tus subordinados?

— Si dudas de ti mismo, ten la seguridad de que los demás también lo harán y, aun cuando no es fácil ser un ejemplo a seguir, el poder inspirador de la persona misma es lo más contundente que existe. ¡Arriésgate a probarlo!

LA MOTIVACIÓN

L a *séptima etapa* salió de la ciudad de *Strasbourg* y avanzó sus 162 kilómetros dentro de la región de Alsacia que colinda al este con Alemania, a través de la famosa *Route des Vins*,[1] pasando por innumerables viñedos y recorriendo la ladera oriental de los Montes Vosgos hasta llegar a *Colmar*, ciudad en donde nació el escultor Bartholdi, creador de la Estatua de la Libertad que se encuentra en Nueva York.

Se trataba de la primera etapa con cinco metas de montaña de diferente grado de dificultad[2] que representaba una oportunidad para el equipo Kelme, integrado por buenos escaladores. En la reunión de la noche anterior se había hablado con amplitud de esta circunstancia, pero la actuación de nuestros corredores fue más bien discreta y Felguérez se notaba molesto.

Después de la espléndida cena que con motivo del *Quatorze Juillet*, la fiesta nacional que conmemora el inicio de la Revolución Francesa, nos ofrecieron justo cuando se había completado la primera semana de competencia, con más de 1,200 kilómetros recorridos, Felguérez esperaba a los ciclistas en la sala de juntas.

Me senté en una de las sillas de la parte posterior del pequeño local semivacío y el silencio imperante trajo a mi mente el recuerdo de dos situaciones que favorecían mi malestar cefálico...

La primera consistía en la nada agradable casualidad de que el conductor de nuestro auto en esta etapa había sido el mismo que en la tercera: aquel inmutable sujeto moreno, delgado, con barba cerrada y gesto avieso. Si tomamos en cuenta que cada equipo contaba con cuatro vehículos, más todos los del comité organizador y la prensa, estábamos hablando de que debía haber más de 120 choferes, por lo que la probabilidad de que alguno de ellos repitiera como conductor en un mismo auto era muy baja. Sin duda, una extraña casualidad que me perturbaba y avivaba mi migraña.

La segunda situación que me mantenía nervioso era la expectación por el resultado de mis hijos en el campeonato regional de triatlón del Club Francés que se estaba celebrando ese mismo 14 de julio, pero con siete horas de diferencia. Según mis cálculos, la competencia debía haber terminado hacía algunos minutos, por lo que lo primero que haría al final de la junta sería correr a la sala de prensa para revisar mis mensajes y enterarme del resultado...

Mis pensamientos fueron interrumpidos por la llegada de los corredores y el inicio de la reunión cuando Felguérez tomó la palabra.

—¿Por qué no conversamos un poco respecto a lo que ha ocurrido en las etapas de ayer y hoy, para ver qué conclusiones podemos obtener?

Más que una pregunta, se trataba de una afirmación. Los ciclistas guardaban completo silencio y tenían la misma postura que adopta una mascota que sabe que ha obrado de manera equivocada y permanece quieta frente a su dueño en espera de su castigo.

No estaba siendo una conversación como lo propuso Felguérez, pues nadie se atrevía a hablar mientras el entrenador narraba con lujo de detalle lo acontecido en la sexta etapa caracterizada por la actuación del hijo de Eddie Merckx.

—¿Qué me pueden decir de hoy? —preguntó Felguérez—. ¿Cuál fue el evento clave?

Ante la falta de respuesta de los corredores, traté de hacer menos tenso el ambiente e intervine.

—Si me permite señor Felguérez, considero que, aunque no tan larga como la de Merckx, la fuga de casi noventa kilómetros que organizó el corredor francés Laurent Jalabert y culminó con su triunfo en la etapa, fue lo que marcó este día.

Aunque Felguérez esperaba la respuesta de uno de sus competidores, sin duda creyó conveniente finalizar con su monólogo.

—¿Recuerda los detalles? —me preguntó.

—Perdóneme señor Felguérez —contesté un tanto apenado—, pero hubo tantos ataques y contraataques el día de hoy que solamente tengo presente que faltando diez kilómetros para la meta, Jalabert se separó de sus cuatro compañeros de fuga y llegó solo a la línea final. Afortunadamente para nosotros —dije tratando de abogar en favor de los ciclistas—, nuestros cuatro corredores mejor ubicados llegaron con el primero de varios pelotones y pudimos mantener el quinto lugar por equipos.

Sorprendidos, los pedalistas se volvieron a verme y me dirigieron un gesto de complicidad aprobatoria, pero Felguérez llamo al orden y siguió adelante.

—Es verdad que hubo muchas iniciativas el día de hoy, lo que provocó varios abandonos y que el pelotón se dividiera como nunca hasta ahora —sacó unas listas impresas de su bolsillo y continuó—. En la etapa de ayer abandonaron dos competidores y el pelotón se partió en dos grupos: el primero mayoritario, donde venían siete de Kelme, y el segundo en el que llegó el colombiano Cárdenas. Por otro lado, en la etapa de hoy abandonaron seis competidores y llegaron cuatro grupos atrás de Jalabert y los fugados: el primero, donde venían los cuatro de Kelme que mencionó el doctor Miravalle; el segundo, donde venían otros tres de Kelme; el tercero, donde venía nuestro compañero González, y el cuarto, siete minutos de estos últimos —guardó de nuevo las hojas.

—Entonces se trató de una etapa muy difícil —expresé.

—Tiene razón —respondió—, hoy fue una etapa complicada; sin embargo, hay que saber apreciar los detalles importantes. Laurent Jalabert logró fugarse en definitiva hasta su tercer intento: tanto en el kilómetro veinte como en el cincuenta se distanció del pelotón y más tarde fue alcanzado, pero en el kilómetro setenta y cinco consiguió su propósito y, no solo eso, gracias a sus cualidades, se separó de sus compañeros de fuga y recorrió en solitario los últimos diez kilómetros, sin que los cuatro que venían atrás trabajando en equipo lo pudieran alcanzar. ¿Qué les parece?

Nuevamente la pregunta iba dirigida a los ciclistas que temían contestar porque estaban seguros de que con su respuesta se iniciaría la reprimenda del entrenador. Otra vez intervine.

—Que debía estar muy bien preparado para poder lograrlo.

—¡Sí, pero además de la preparación! —el volumen de la voz de Felguérez subió más de lo normal. Su exasperación era notoria—. ¡Ustedes también están muy bien preparados! —gritó a sus corredores señalándolos con el dedo índice—. ¡Y ni siquiera estuvieron cerca del triunfo! ¡Este resultado, en una etapa de montaña, es una vergüenza para Kelme! Si mantuvimos nuestro quinto lugar por equipos —volteó a verme fijamente—, ¡fue porque Dios es grande! Nuestra actuación no lo merecía y, ¡escúchenme bien! —de nuevo se dirigió a su equipo—. ¡Nadie puede estar satisfecho con su esfuerzo personal! ¡Nadie!

Hizo una larga pausa.

Se tranquilizó un poco y con voz baja prosiguió.

—Les voy a decir un secreto...

Todos nos hicimos para adelante en nuestras sillas tratando de no perder ningún detalle de su casi inaudible locución.

—¡Lo que llevó al triunfo a Jalabert fue su *motivación!* —gritó de repente provocando el estremecimiento de todos los presentes.

Con una fuerte risa terminó de desahogar su enojo. Los demás también reímos y el ambiente se relajó.

—Pongan atención —su voz recuperó el volumen normal—. Para vencer en una prueba como esta deben estar de su lado varias cosas, entre otras: la preparación, la experiencia, la *motivación* y la oportunidad. Tanto Merckx ayer, como Jalabert hoy, buscaron la oportunidad y tuvieron la preparación y la experiencia, quizá a Merckx le falló un poco el apoyo de su equipo, pero lo que es innegable es que ambos iban en compañía de otros cuatro corredores que se encontraban en condiciones similares y todo el mundo recuerda la fuga de Merckx ayer y la de Jalabert hoy. ¿Saben cuál fue la diferencia entre ellos y los demás?

—Déjeme ver... —por fin se decidió a hablar el capitán del equipo, el colombiano Botero—. Si todos estaban en la misma oportunidad, tenían similar preparación y contaban con experiencia... ¡La diferencia la hizo la *motivación!*

—¡Exacto! —celebró Felguérez—. Pero como los otros corredores también estaban motivados, veamos en que aspecto fue diferente la *motivación* de ellos dos. Merckx y Jalabert querían ganar la etapa, en primer lugar, porque recibirían varias recompensas...

—Disculpe, señor Felguérez —interrumpió el español Gutiérrez—, se me ocurre que podríamos hablar del aplauso que les brindaría la gente, del dinero que ganarían al llegar mejor colocados, del prestigio que tendrían al subir al podio, del reconocimiento del que serían objeto por parte de la prensa, etcétera.

—Todos ellos elementos externos —completó Felguérez—. Pero seguramente también los otros corredores querían recibir eso, ¿no lo creen?

—Supongo que Merckx y Jalabert querían ganar la etapa —intervino nuevamente el capitán Botero—, porque disfrutarían mucho al hacerlo.

—Sin duda —dijo Felguérez—. Pero pienso que también los otros corredores disfrutarían al ganar.

—Es verdad —reflexionó Botero—. Con seguridad era otra la *motivación* de Merckx y Jalabert y la del resto de los corredores escapados, ¿por qué no nos ayuda, señor Felguérez?, no se me ocurre qué puede ser...

—De acuerdo —accedió Felguérez—. Merckx quería ganar la sexta etapa, al igual que los otros ciclistas, por la plata, el aplauso y todo lo demás que mencionaron, incluida la satisfacción personal de hacerlo, pero su *motivación* más profunda se encontraba en el hecho de que, en 1971, su padre había ganado en ese mismo sitio y deseaba brindarle un gran obsequio. Si la *motivación* lo fuera todo, habría ganado, pero le faltó apoyo de su equipo —hizo una breve pausa para asegurarse de que todos lo estábamos escuchando y continuó—. Por su parte, Jalabert quería ganar la séptima etapa, al igual que sus compañeros de fuga, por la plata, el aplauso y todo lo demás, incluido, por supuesto, el gozo de cruzar primero la meta; sin embargo, la *motivación* más profunda que lo llevó a dejar atrás a sus rivales, fue la intención de querer regalarle a toda su nación el triunfo de un francés el preciso día de la Toma de la Bastilla.

Todos nos quedamos de una pieza.

—Como podrán darse cuenta —terminó diciendo Felguérez—, cualquiera que desee superar su actuación de manera definitiva, primero tiene que encontrar su *motivación* más profunda. Ahora vayan a descansar y piensen en ello.

Los ciclistas obedecieron y yo salí a toda prisa rumbo a la sala de prensa.

Quise abrir mi correo y me fue imposible. La computadora desplegaba un repetitivo mensaje de «cuenta inexistente».

Tardé unos minutos en recordar que yo mismo había cancelado esa cuenta la noche anterior siguiendo las instrucciones del mensaje del doctor Osborne, y tampoco podía hablar por teléfono. No tenía alternativa. Hasta el día siguiente no conocería el resultado del campeonato regional de triatlón de mis hijos. Procedí a obtener una nueva cuenta de correo electrónico y a enviar mis conclusiones sin dejar de pedir a mi esposa que terminara cuanto antes con mi incertidumbre sobre el evento del Club Francés.

CATEGORÍAS DE LA MOTIVACIÓN

1. **Motivación externa**

   Una persona puede dirigir su comportamiento cuando encuentra los elementos del medio que le sean de utilidad. En esta categoría la persona se conduce por conveniencia y la duración de la **motivación** depende de seguir recibiendo los estímulos.

   A esta categoría pertenecen el aplauso, el dinero, el prestigio y el reconocimiento de la prensa que obtendría un ciclista al ganar.

2. **Motivación interna**

   Una persona puede dirigir su comportamiento al encontrar los elementos que le produzcan gozo. En esta categoría la persona se conduce por gusto y la duración de la **motivación** depende de seguir experimentando placer en lo que hace.

   A esta categoría pertenece el disfrute del triunfo que cualquier ciclista experimentaría al ganar.

3. **Motivación trascendente**

   Una persona puede dirigir su comportamiento encontrando los elementos que le permitan beneficiar a terceros. En esta categoría la persona se conduce por convicción y la duración de la **motivación** depende de seguir siendo capaz de servir a otros. La **motivación** trascendente es la más difícil de encontrar, pero vale la pena buscarla porque es la que puede llevar más lejos, durante más tiempo y con mayor satisfacción.

   A esta categoría pertenecen tanto el regalo que quería hacerle Merckx a su padre al querer ganar la sexta etapa, como el obsequio que le hizo Jalabert a su país al ganar la séptima etapa precisamente el día en que se conmemoraba la Revolución Francesa.

Esperé largo rato y no recibí respuesta de mi esposa. Seguramente después de la competencia se habían ido a comer y festejar con todo el equipo.

Decidí irme a dormir y puse mi despertador una hora antes, pues en cuanto sonara correría a revisar mi correo.

ACTIVIDAD

Me parece que el tema de la motivación es uno de los pilares en los que se sustenta el liderazgo y, de hecho, así lo considera la mayoría de los autores, pues es innegable la enorme cantidad de trabajos que se han realizado al respecto. Desde la teoría de los impulsos de Sigmund Freud, pasando por la célebre teoría de la jerarquía de las necesidades de Abraham Maslow, hasta las más recientes propuestas de Mihály Csíkszentmihályi, el campo de la motivación ha sido prolífico.

Sin embargo, en mi particular apreciación, todos los expertos de este tema se han centrado tanto en el mismo, que han magnificado su importancia relativa llegando, en algunos casos a perder de vista que a pesar de su relevancia, la motivación pertenece a un conjunto mayor llamado liderazgo. Sugiero entonces, evitar caer en esa postura y darle a la motivación su exacta dimensión. ¿Te parece bien si recorremos juntos el siguiente segmento de nuestro aprendizaje de liderazgo?

La motivación

1. **Motivación externa:** una persona puede dirigir su comportamiento cuando encuentra los elementos del medio que le sean de utilidad.

De esta manera, cuando llevas a cabo tu actividad laboral puedes recibir una serie de satisfactores que cumplen con la condición que acabamos de establecer: el sueldo y todas las prestaciones que percibes, el derecho a vacaciones y días de descanso, tu horario de trabajo, el ambiente físico de las instalaciones, y la seguridad y confort que ellas te brindan, la convivencia con tus compañeros, el reconocimiento por los logros que consigues y el prestigio que esto te genera, etc.

Como puedes darte cuenta, en esta categoría de motivación externa la persona se conduce por conveniencia, pues sabe que haciendo su trabajo de forma correcta, recibirá innumerables beneficios, y la duración de esta motivación depende de seguir recibiendo los estímulos a los que está acostumbrada.

Ahora bien, esto resulta cierto a todos los niveles, pues para motivar de manera externa a cada uno de los integrantes de tu equipo, tienes que conocer cuáles son los beneficios que más aprecian y estar en posibilidad de dárselos.

Utilidad y *conveniencia* son las palabras clave de esta primera categoría, lo cual no implica que no debamos hacer uso de la motivación externa. Al contrario, los estímulos que podemos darles a los miembros de nuestro equipo funcionan perfectamente en el corto plazo. Solo es necesario darnos cuenta de que existen otras dos categorías superiores.

2. Motivación interna: una persona puede dirigir su comportamiento al encontrar los elementos que le produzcan gozo.

¿Te has puesto a pensar en todo lo que disfrutas al momento de hacer tu actividad diaria?

Si eres constructor, seguramente gozas al realizar un proyecto y al tener la oportunidad de edificarlo. Si eres médico, es muy probable que disfrutes al momento de elaborar un diagnóstico y recetar una cura a determinada enfermedad. Si eres músico, con toda certeza puedes deleitarte al componer o interpretar una pieza armónica. Si eres abogado, con seguridad encuentras un reto placentero al enfrentar un caso y darle una solución adecuada. Pero si además eres deportista, no me dejarás mentir al aseverar que gozas con cada entrenamiento y con cada competición...

En fin, como puedes darte cuenta, no importa a qué te dediques, pues siempre habrá la manera de encontrar la faceta apasionante de tu actividad, por lo que en esta categoría de motivación interna, la persona se conduce por gusto y la duración de la motivación depende de seguir experimentando placer en lo que se hace.

Como también esta categoría de motivación se presenta a todos los niveles, es importante que conozcas qué es lo que le produce gozo a cada integrante de tu equipo.

En esta segunda categoría las palabras clave son *gozo* y *gusto*, y estas sensaciones que producen placer son grandes motivadores internos. El ejemplo más claro que se me ocurre para este tipo de motivación es la actividad favorita que cada uno de nosotros desarrollamos como pasatiempo: ya sea que seamos amantes de la lectura, la música, el deporte, las mascotas, los viajes, etc., podríamos pasarnos horas enteras sin recibir nada a cambio y experimentando un placer intenso.

3. Motivación trascendente: una persona puede dirigir su comportamiento encontrando los elementos que le permitan beneficiar a terceros.

Y nuevamente podemos hacer una reflexión sobre distintas actividades:

El constructor beneficia a los demás al entregarles un espacio en el que podrá desarrollarse una familia. El médico sirve a sus pacientes pues les devuelve la salud. El músico a través de su arte, regala a su auditorio momentos de distracción y deleite. El abogado brinda a sus clientes la solución a un conflicto, regresándoles la tranquilidad, mientras que el deportista llena de entusiasmo y emoción al público que acude a los eventos...

De esta manera, es fácil concluir que en esta categoría de motivación trascendente, la persona se conduce por convicción y la duración de la motivación depende de seguir siendo capaz de servir a otros.

Aunque aquí lo hemos hecho sencillo, sin duda podemos afirmar que la motivación trascendente es la más difícil de encontrar, pero bien vale la pena buscarla porque es la que puede llevarnos más lejos, durante más tiempo y con mayor satisfacción y, una vez que la hemos encontrado para nosotros mismos, es necesario transmitirla a nuestros seguidores, con lo que lograremos un desempeño superior.

Servicio y *convicción* son las palabras clave al momento de llevar a cabo algo que se realiza con la conciencia de que le brinda un beneficio a alguien más, con independencia de la utilidad o el gozo que pueda producirnos. Es más, hay ocasiones en las que el ejercicio práctico de la motivación trascendente no nos reporta utilidad o gozo inmediatos, pero la profunda convicción de servir a los demás nos lleva a realizar el esfuerzo de todas maneras. Un buen ejemplo de esta tercera categoría de motivación es la formación de los hijos.

Ten presente que las categorías de la motivación son tres: externa, interna y trascendente, y que tú puedes ser un mejor líder si reflexionas sobre lo siguiente:

— ¿Puedes identificar, para cada uno de los miembros de tu equipo, los elementos que les producen utilidad y por los cuales se motivan de manera externa?

— Si no lo puedes hacer, observa con detenimiento su reacción a los estímulos que reciben

— ¿Puedes identificar, para cada uno de los miembros de tu equipo, los elementos que les producen gozo y por los cuales se motivan de manera interna?

— Si no lo puedes hacer, descubre las actividades que más disfrutan.

— ¿Puedes identificar, para cada uno de los miembros de tu equipo, los elementos de su actividad que les permiten beneficiar a terceros y por los cuales pueden motivarse de manera trascendente?

— Esta pregunta primero debes responderla para ti mismo, a fin de ser capaz de contestarla para cada integrante de tu equipo, pues sin duda su labor está englobada en el desempeño completo del que eres responsable. Una vez que tengas las respuestas, hay que trabajar en lograr un nivel de convicción grupal que les permita llegar más lejos, durante más tiempo y con mayor satisfacción.

9

EL MANDATO

Mi despertador sonó a la hora marcada la noche anterior, inmediatamente me levanté, tomé un baño y me dirigí a la sala de prensa que estaba casi vacía.

Me apresuré a ingresar a mi nueva cuenta de correo y... ¡Ahí estaba el mensaje que esperaba!

Mi hijo mayor había terminado en segundo lugar de su categoría, mientras que el menor había sido el primero en la suya. ¡Ambos habían calificado al campeonato nacional!

¡Qué feliz manera de comenzar la jornada! Una excelente noticia familiar, un sustancioso desayuno caliente, un nuevo conductor de nuestro auto y un dolor de cabeza ausente.

Ese día siguió lleno de buenas nuevas; las horas transcurrieron con la misma rapidez que suelen hacerlo cuando uno se está pasando unas vacaciones de ensueño con la familia. En un suspiro cayó la noche y comenzó la junta del equipo...

—Aitor González es el nombre de la persona más valiosa para el equipo Kelme el día de hoy y quiero pedirles que le demos un gran aplauso —así comenzó a hablar Felguérez al término de la cena que compartimos un tanto alejados del resto de los demás equipos. Por supuesto, todos obedecimos—. Pero dejemos que él mismo nos cuente la historia —invitó al aludido a tomar la palabra.

—¡Gracias, muchas gracias! —dijo visiblemente emocionado por los aplausos que acababa de recibir—. Todos sabíamos que la de hoy era una etapa considerada como de paso, por su bajo grado de dificultad y porque la mayoría de los competidores fuertes parecían estar reservando sus fuerzas para pasado mañana que comenzaremos las etapas de alta montaña...

La octava etapa cubrió 222 kilómetros partiendo de la ciudad de Colmar *en la región de Alsacia, hasta la población de* Pontarlier *en la región de Franco Condado, ubicada al este de Francia, en colindancia con Suiza.*

—Recuerdo —continuó González— que antes de tomar la salida estaba preocupado por la noticia de que el abandono de los dos corredores que se cayeron el día de ayer se debió a las fracturas que sufrieron...

Un estadounidense se fracturó el radio del antebrazo izquierdo y un italiano la clavícula derecha. Ambos quedaron fuera de la competencia y volvieron a sus respectivos países.

—Eso me preocupaba —confesó el corredor— porque desde la mañana había estado lloviendo y, de acuerdo con el pronóstico del tiempo, iba a llover a lo largo de toda la etapa. Sabía que para el día de hoy nos habían cambiado las llantas por unas especiales para terreno mojado, pero aun así, la amenaza de una caída iba a estar latente en todo momento. Al comentar mi inquietud con el entrenador —siguió narrando con timidez—, recibí la indicación de permanecer al frente del pelotón junto con nuestro compañero colombiano Cárdenas, con quien me alternaría para salir en busca de aquellos que pretendieran fugarse. El señor Felguérez me dijo que ese era mi *deber*, que el equipo me necesitaba ahí y que, además, de esa manera las probabilidades de sufrir una caída disminuirían porque, como todos sabemos, la mayoría de ellas suceden en la parte posterior del grupo. Ese *mandato* me entusiasmó y me hizo sentir más confiado...

Aitor González era el segundo corredor más joven del equipo Kelme y, a sus veintiséis años, era la primera vez que participaba en el tour. A pesar de su gran preparación, su inexperiencia se hizo notoria en las etapas cuarta y séptima, en las que arribó con los grupos más retrasados. La razón fue su inadecuada colocación dentro del pelotón, lo que también sucedía con el colombiano Cárdenas que, aunque era dos años mayor que González, también corría su primer tour.

Antes de la etapa de ese día, ambos estaban colocados más allá del puesto número 120 de la clasificación general individual, muy por detrás del resto de sus compañeros de equipo. Por tal motivo, Felguérez me había anticipado el plan de colocarlos al frente del grupo y buscar su

integración en una posible fuga, pues era muy probable que nadie en el
pelotón se ocupara de ellos.

—Pero mis temores aumentaron —González siguió sincerándose frente
al equipo— cuando, apenas en el kilómetro cinco, se produjo la primera caída en la parte trasera del pelotón. Como es natural en esas circunstancias, quienes encabezaban el grupo aceleraron el paso y, al
encontrarme en esa posición cumpliendo el *mandato* del señor
Felguérez, repentinamente me di cuenta de que, en compañía de otros
dos corredores belgas, lográbamos distanciarnos del resto —hizo una
breve pausa, levantó un poco la vista y rápidamente nos miró a todos—.
Ustedes son mis amigos y deben saber la verdad: yo jamás planeé
fugarme, sencillamente obedecí y de pronto me encontré al frente.
Comenzamos siendo tres escapados, después cuatro, más tarde once y
posteriormente quince. Realmente no sabía en qué momento llegaría
el resto de los ciclistas y acabarían con nuestra aventura, pero me sor-
prendí al enterarme en la primera meta intermedia de que nuestra ventaja sobre el pelotón era de once minutos...

La primera meta intermedia estaba ubicada en el kilómetro setenta. La
fuga, que a esas alturas llevaba sesenta y cinco kilómetros, tenía catorce
hombres, puesto que un corredor había retrocedido al pelotón.

—A pesar de la lluvia —siguió platicando González—, que en algunos
tramos era bastante fuerte, seguimos trabajando en equipo procuran-
do no bajar el ritmo. De esa manera, en la primera meta de montaña,
me enteré de que nuestra ventaja sobre el pelotón había aumentado a
veinticinco minutos. Más adelante, en la segunda meta de montaña,
fuimos informados que nos encontrábamos más de treinta minutos
delante del grupo. En esos momentos comenzaron los intentos de

varios corredores por separarse de los demás fugados y dos lograron hacerlo —su voz adquirió más seguridad y continuó narrando con entusiasmo—. Habiendo tenido éxito la primera vez, es decir, cuando se concretó la escapada en el kilómetro cinco, sintiéndome fuerte y obedeciendo el *mandato* del señor Felguérez, entre jalones y estirones pasamos las dos metas intermedias restantes hasta que por fin pude, junto con el belga Wauters del equipo Rabobank, salir del grupo y tratar de alcanzar a los dos corredores que se habían separado...

Para ese momento faltaban diez kilómetros para la meta, la fuga había completado casi 205 kilómetros de haberse gestado y estaba integrada por trece hombres, debido a que un corredor se había retrasado, además se encontraba fragmentada en tres grupos: dos pedalistas al frente, González y Wauters a ocho segundos y los nueve corredores restantes a cuarenta segundos.

—Cuando me tocaba ir al frente de Wauters —siguió relatando González—, veía cada vez más cerca a los dos corredores de adelante, pero la persecución se había vuelto muy difícil porque la lluvia estaba arreciando. Sin embargo, al momento de cruzar la pancarta de los cinco kilómetros para la meta, por fin los alcanzamos y me di cuenta de que las cosas no serían sencillas puesto que de los cuatro, dos eran de Rabobank y, como era de esperarse, comenzaron a atacar de manera alternada. Yo siempre salí tras el que se separaba; unas veces era Wauters y otras era su compañero de equipo. El cuarto hombre de la fuga ya no podía, a duras penas lograba permanecer con nosotros. Este trabajo en los últimos kilómetros me desgastó mucho y, por más que quise, al momento del sprint final no pude sino llegar en segundo lugar —la sala entera aplaudió y gritó festejando a nuestro héroe.

El pelotón arribó treinta y seis minutos después de los punteros, por lo que la fuga de ese día se convirtió en la de mayor diferencia de tiempo en la historia del tour. *Además, esa enorme diferencia, de conformidad con los reglamentos, daba como resultado la descalificación del pelotón entero, sin embargo, dicho reglamento contempla excepciones, puesto que sería irónico que la competencia continuara con solamente los trece corredores que terminaron la etapa dentro del tiempo límite establecido.*

—¡Atención! —exclamó Felguérez buscando orden—. Debemos estar felices porque el resultado de la etapa de hoy, según las clasificaciones oficiales que tengo aquí en mis manos, coloca a González como nuestro mejor hombre en el décimo lugar general...

Felguérez tuvo que interrumpir sus palabras por el escándalo que nuevamente se produjo y después de una pausa, prosiguió.

—Pero sin duda alguna, lo más importante para Kelme es haber avanzado al cuarto lugar de la clasificación general por equipos, lo que deja atrás al equipo español ONCE...

Ya no pudo continuar, el entusiasmo se había desbordado y era imposible detenerlo. El equipo celebró largo rato y después los corredores se retiraron a descansar.

El señor Felguérez, su equipo de apoyo y yo nos quedamos conversando y, en un momento determinado se dirigió a mí.

—Doctor Miravalle, este ha sido un día lleno de emociones y me gustaría terminarlo compartiendo con usted el secreto que le sirvió a González para obtener el éxito.

—Nada me agradaría más ahora.

—Este secreto —me confió—, se basa en algo que llamaría:

REQUISITOS DEL LOGRO

El primer requisito para que una persona **logre** una meta es que tenga la seguridad de **saber** hacerlo; sin embargo, aunque la persona sepa, si no puede o no quiere, jamás llegará a la meta.

El segundo requisito para que una persona **logre** una meta es que tenga la seguridad de **poder** hacerlo; no obstante, aunque la persona sepa y pueda, si no quiere, tampoco alcanzará la meta.

El tercer requisito para que una persona **logre** una meta es que tenga la seguridad de **querer** hacerlo, pero habrá ocasiones en las que sabiendo, pudiendo y queriendo, esa persona necesitará de un último y definitivo impulso para llegar a la meta.

La única manera de garantizar que una persona **logre** una meta es que tenga la seguridad de **deber** hacerlo. Cuando este **mandato** es lo suficientemente claro y proviene de alguien que la persona valora y aprecia, sin duda hará lo que sea necesario para asegurarse de que sabe, puede y quiere hacerlo, por lo que con toda certeza alcanzará la meta.

—Hoy —siguió diciendo Felguérez con mucha serenidad—, González *sabía* lo suficiente para cumplir con su cometido, porque aun cuando es su primer *tour*, ya ha participado en otras competencias de importancia. También *podía* haber logrado la meta puesto que estaba bien entrenado, eso se lo garantizo. De la misma manera, y tal vez un poco escondido en su interior, *quería* hacer un papel decoroso, pero ¿sabe qué lo detenía?

—Sus temores —contesté.

—¡Cierto! —exclamó—. Y, ¿sabe qué lo impulsó a la conquista de la meta?

—De acuerdo con lo que acaba de decirme —respondí—, seguramente el *mandato* que le hizo al inicio de la etapa.

—¡En efecto! —Felguérez se notaba entusiasmado—. Permítame decirle, doctor Miravalle, que en la vida me he topado con muchos corredores que se quejan por no lograr sus objetivos y he podido ayudar a algunos: a los que me han dicho que *no saben*, los he capacitado;

a los que me han dicho que *no pueden,* los he adiestrado; y a los que sin habérmelo dicho, *no quieren,* los he motivado. Sin embargo, llega un punto en el que, como González, la mayoría de ellos *saben, pueden* y *quieren* alcanzar sus metas pero, en el último momento, se desorientan y se dejan vencer por su inseguridad y sus temores; ahí es donde se necesita el golpe de gracia: indicarles su *deber.*

Felguérez disfrutaba tanto compartiendo su experiencia conmigo, como yo aprendiendo de ella. Desde el inicio, entre ambos había nacido una espontánea identificación que resultaba, además de otras cosas, muy útil para el trabajo que estaba llevando a cabo. Terminé de escuchar con atención su explicación.

—No es que la inseguridad y los temores desaparezcan como por arte de magia frente al *mandato del deber,* más bien pasan a un segundo plano por el compromiso de cumplir con una encomienda de orden superior. Mire doctor Miravalle, desde mi modesto punto de vista, una de las tareas más delicadas del líder consiste en infundir seguridad a su gente señalándole su *deber.*

Estuve de acuerdo con él, pues eso mismo había hecho conmigo el doctor Osborne muchas veces a lo largo de nuestra relación y, en particular, al momento de invitarme a desarrollar este proyecto. A partir de ese *mandato,* ya no había manera de dejar de cumplir con mi *deber.*

Envié por correo electrónico mis conclusiones que, en esta ocasión, casi podría decir que me fueron dictadas por Felguérez y acompañé mi mensaje con una enorme felicitación para mis hijos y mi esposa.

Dormí a pierna suelta y desperté con ánimo para disfrutar de una nueva etapa ciclista llena de emociones.

Desafortunadamente no ocurrió de esa manera.

ACTIVIDAD

Te propongo que pienses por un momento en aquello que consideres que es lo más grandioso que has conseguido a lo largo de tu vida deportiva (o de alguna otra faceta que no corresponda a tu actividad laboral).

Sé de sobra que no es una pregunta sencilla de responder, pero estoy seguro de que si haces el esfuerzo de ir recorriendo poco a poco el historial de tu existencia, podrás visualizar claramente algunos momentos clave en los que has experimentado la placentera sensación de haber alcanzado una meta importante.

Puede tratarse de aquel difícil maratón que terminaste, o de aquella competencia ciclista que ganaste, o bien, del día en que hiciste tu debut deportivo, o qué decir de la primera medalla que conseguiste, o del día que ingresaste a un gran equipo, o cuando te recuperaste de aquella terrible lesión, o la fecha en la que estrenaste tu primera bicicleta elite, o cuando saliste a representar a tu país por primera vez, etcétera.

En fin, cada quien tiene esos grandes logros deportivos personales que, si los analizas detenidamente, encontrarás que para su consecución hubo cuatro requisitos que tuviste que completar:

El logro

1. Saber: cualquier actividad deportiva necesita un conocimiento mínimo indispensable que debemos dominar, pues de no hacerlo, lo más probable es que fracasemos en el intento. Por ejemplo, es imposible pretender romper una marca ciclista de ruta si no sé cómo manipular los cambios de velocidades. De igual manera, al desarrollar el liderazgo debemos estar seguros de que los integrantes de nuestro equipo posean estos conocimientos, por lo que la capacitación previa es fundamental.

2. Poder: nuevamente encontramos que cualquier deporte requiere que contemos con determinadas capacidades físicas, emocionales, intelectuales, volitivas y espirituales que, si bien las podemos desarrollar, necesitan tener un valor mínimo. Por ejemplo, quien sufre de una alteración del equilibrio, tendrá mucha dificultad para dominar la bicicleta. También en este caso, al momento de ejercer el liderazgo es necesario estar seguro de que los miembros de nuestro equipo tengan la capacidad de realizar las encomiendas que les hemos encargado, pues de otra manera no lo lograrán.

3. Querer: el tercer requisito para que una persona logre una meta deportiva —o de cualquier otro género— es que tenga la seguridad de querer hacerlo, es decir, que cuente con la motivación suficiente para llevar a cabo todo lo que la actividad requiere, desde el entrenamiento previo, la dieta específica, el descanso adecuado, etc. De igual forma, al momento de desplegar el liderazgo, debemos estar seguros de que los integrantes de nuestro equipo tengan la motivación necesaria, ya sea externa, interna o trascendente, como lo revisamos en el capítulo anterior.

4. Deber: en cualquier caso, podemos afirmar que la única manera de garantizar que una persona logre una meta es que esté convencida de que tiene que llegar a ella. Por ejemplo, cuando un atleta elite escucha de su entrenador la consigna que es su obligación cumplir con los objetivos de la temporada. Si este mandato es lo suficientemente claro y proviene de alguien que la persona valora y aprecia, sin duda hará lo que sea necesario para asegurarse de que sabe, puede y quiere hacerlo, por lo que con toda certeza alcanzará la meta. De esta forma, en el ejercicio del liderazgo es necesario que infundamos seguridad en nuestros pupilos señalándoles claramente su deber.

Ten presente que los requisitos del logro son cuatro: *saber, poder, querer* y *deber*, y que tú puedes ser un mejor líder si reflexionas sobre lo siguiente:

— ¿Puedes afirmar que los integrantes de tu equipo *saben* hacer las tareas que les corresponden?

— Si no lo puedes afirmar, entonces es necesario que los capacites.

— ¿Puedes asegurar que los integrantes de tu equipo *pueden* hacer las tareas que les corresponde?

— Si no lo puedes asegurar, entonces requieren adiestramiento.

— ¿Estás seguro de que los integrantes de tu equipo *quieren* hacer las tareas que les corresponde?

— Si no es así, entonces debes trabajar en su motivación.

— ¿Tienen claro todos los integrantes de tu equipo cuál es su deber?

— Si no lo tienen, entonces gozas de una oportunidad para desarrollar una de las tareas más delicadas en tu papel de líder: infundirle seguridad a tu gente, señalándoles su deber.

IO

EL ESTÍMULO

L os ciclistas guardaron su energía para más adelante y la *novena etapa*, de 185 kilómetros, transcurrió sin mayor novedad desde la industriosa ciudad de *Pontarlier*, en la región de Franco Condado, hasta la turística población de *Aix-Les-Bains*, en la región de Ródano Alpes, en colindancia con Suiza e Italia.

Todos nuestros corredores, con excepción del colombiano Cárdenas, llegaron en el pelotón principal y las clasificaciones generales no se modificaron, por lo que Kelme permaneció en el cuarto lugar por equipos.

Sin embargo, y en contraste con la tranquilidad de la etapa, esa noche se generó una inquietud masiva llena de confusión.

Había rumores de todo tipo, desde los que afirmaban que la competencia cambiaría el destino de algunas etapas, hasta los que aseguraban que esa edición del *tour* se cancelaría por completo. La razón: una nueva amenaza en la red de cómputo.

Acudí a la sala de prensa y abrí mi correo electrónico. Efectivamente, el primer mensaje contenía lo que todo el mundo estaba comentando.

¡Oh Chamrousse, Chamrousse!
Sitio de blanco frío sin abrigo,
Desde lo más alto serás testigo,
Del cielo en llamas, ¡Oh Chamrousse!

Estaba preocupado y mi migraña, que se había tomado dos días libres, decidió de manera unilateral regresar a su cotidiana molestia.

El segundo mensaje era de mi esposa que, además de agradecerme la felicitación, me informaba que la bronquitis del doctor Osborne se había complicado y que se encontraba hospitalizado con un cuadro de neumonía lobar sencilla sin embargo, a pesar de su enfermedad, agregaba, el doctor Osborne estaba de muy buen humor y seguía pendiente del proyecto a través de su computadora portátil que diariamente conectaba en el sanatorio.

Les envié a ambos un abrazo cibernético y me fui a descansar, ya que al día siguiente la actividad comenzaría muy temprano.

Hoy se llevará a cabo la décima etapa, la más dura de todas las que se han recorrido hasta ahora: 209 kilómetros dentro del perímetro de los Alpes, desde la orilla del Lac du Bourget, el mayor lago de Francia, en Aix-Les-Bains, pasando por dos legendarias metas de montaña de dificultad suprema, también conocidas como categoría HC «Hors Catégorie o High Climbing», para finalizar en la más terrible de todas: la estación invernal de L'Alpe-D'Huez.

Se espera que sea una etapa de la mayor intensidad, no solamente por la dificultad del terreno, sino porque ha llegado el momento en que los grandes favoritos: el estadounidense Armstrong de Postal, el alemán Ullrich de Telekom, el español Beloki de ONCE y el francés Moreau de Festina, deben comenzar a reducir la descomunal ventaja que les lleva el líder actual, el australiano O'Grady de Crédit Agricole.

A las 10:47 de la mañana toman la salida los 173 corredores que aún continúan en la competencia.

Previo al arranque de la etapa, el comité organizador había emitido un comunicado de prensa en el que informaba que se habían tomado todas las medidas de seguridad posibles para garantizar el orden y bienestar de los participantes. «La fiesta deportiva debe proseguir», terminaba diciendo el boletín.

11:02. Se produce el primer ataque, entre los ciclistas que han salido no hay ninguno de Kelme, por lo que Felguérez se molesta y reclama por el radiotransmisor al capitán del equipo, el colombiano Botero.

11:03. El equipo Kelme reacciona y alcanza a los fugados. Felguérez se tranquiliza y le recuerda a Botero que en cada intento de fuga debe haber alguno de los nuestros, a excepción de él mismo, que tiene que encargarse de cuidar al estadounidense Armstrong.

11:07. Tres corredores han escapado del pelotón y rápidamente consiguen una ventaja de diez segundos. Uno de ellos es el español Tauler, de Kelme.

11:10. La labor de equipo de Kelme logra contener al pelotón y la ventaja de los escapados aumenta a más de veinte segundos.

11:47. Se completa la primera hora de la carrera y los tres fugados aventajan al pelotón en ocho minutos. Faltan tres kilómetros para el primer puerto de montaña y Felguérez le transmite a Botero la orden de no atacar en esta escalada.

12:02. El pelotón pasa por la cima con doce minutos de retraso respecto a los escapados y comienza a acelerar en la bajada.

12:03. Durante el descenso, en una cerrada curva, se produce una severa caída de varios ciclistas de la parte final del pelotón que obstaculiza la carretera. Los autos se detienen.

Todos nos bajamos a auxiliar en medio de una escena multicolor de hombres y bicicletas dispersos por el pavimento. En los caídos había un poco de todo: contusiones, raspones, heridas, sangre y dolor.

Felguérez fue el primero en ver una camiseta de Kelme e inmediatamente corrió hacia él. Se trataba de Aitor González que yacía sobre su costado derecho y lloraba de dolor y rabia.

Con mucha habilidad y cuidado, Felguérez le desprendió los pies de los pedales, lo colocó boca arriba, le quitó el casco y comenzó a atenderlo.

Algunos corredores se levantaron y subieron a sus bicicletas para continuar la competencia, pero González no pudo hacerlo porque tenía un terrible raspón a lo largo de la pierna derecha que le había deshecho el pantaloncillo y dejaba expuesta la carne viva; además, su brazo derecho estaba herido y sangraba profusamente del codo. Su camiseta estaba llena de arena y se encontraba perforada en el hombro y el costado derecho.

En ese momento llegó el personal del servicio médico encabezado por el doctor Gerard, que de manera diligente comenzó a revisar al ciclista que permanecía tendido.

Un carril de la carretera se había liberado y la mayoría de los autos circulaban nuevamente.

El diagnóstico del doctor Gerard fue desalentador: además de las heridas visibles, González tenía fracturadas dos costillas y la clavícula derecha. No podría continuar en la competencia el hombre de Kelme ubicado hasta ahora en la décima posición de la clasificación general.

Felguérez observó conmovido a su pupilo y ayudó a cargar la camilla en que lo transportaron a la ambulancia. Antes de que cerraran la puerta del vehículo, ambos se miraron fijamente. Las lágrimas de González bañaban su cara, mientras que las de Felguérez le humedecieron los ojos sin abandonarlos.

Regresamos al auto y nos pusimos en marcha. Después de unos instantes de silencio, Felguérez le avisó a Botero por la radio que habíamos perdido a González, lo que significaba que el plan original para esta etapa se modificaría.

12:55. Comienzan para los escapados los veinticinco kilómetros de ascenso al Col de la Madeleine, cuesta de dificultad HC. Trece minutos después el pelotón inicia la subida con los hombres del equipo Telekom al frente. Felguérez instruye a Botero: él no debe separarse del esta-dounidense Armstrong, Sevilla no debe despegarse del alemán Ullrich, Gutiérrez no debe descuidar al español Beloki y Vidal no debe soltar al francés Moreau.

13:15. El pelotón aumenta el ritmo y comienzan a rezagarse varios corredores, entre ellos el actual líder de la competencia, el australiano O'Grady. Un poco más adelante también se desprende del grupo nuestro corredor Vidal, entonces, Felguérez pide a Botero que decida la sustitución de Vidal para cubrir al francés Moreau, puesto que la carretera es muy estrecha y nuestro auto no puede llegar hasta el frente. Hace un rato que perdimos el contacto visual con el primer pelotón y solo nos enteramos de los movimientos a través de la radio.

13:40. El primer pelotón está a diez minutos de los tres hombres fugados y siguen rezagándose muchos corredores, entre ellos Pascual y Cárdenas, de Kelme. Ya no tenemos más hombres para cuidar al francés Moreau, por lo que Felguérez le pide a Botero que ajuste el plan de acuerdo a los tres hombres del equipo que van al frente.

13:42. Tauler no soporta el ritmo de sus compañeros de fuga y se separa de ellos; ya no hay gente de Kelme en la cabeza de la competencia. Felguérez informa esta situación a Botero, pero no puede decidir por él, solo Botero sabe exactamente lo que es posible hacer con los hombres que quedan.

14:18. El primer pelotón de cuarenta y cinco corredores pasa por la cima del Col de la Madeleine con un retraso de ocho minutos respecto a los dos fugados, y Tauler se encuentra justo en medio de los dos escapados y ese grupo.

14:22. El dúo fugado al frente comienza los veinte kilómetros de ascenso al segundo puerto de montaña de dificultad HC, le Col du Glandon. Tauler se ha rezagado por completo; está exhausto y, al ser rebasado por nuestro auto, recibe la instrucción de recuperarse con sus compañeros más atrasados. Felguérez informa a Botero que los cuatro corredores de Kelme que están atrás se encuentran sin posibilidades de ayudar. Nos sigue siendo imposible avanzar al frente de la competencia. Botero debe decidir.

15:16. En el primer pelotón, de ahora solo veinticinco hombres, siguen tres de Kelme: Botero, Gutiérrez y Sevilla. Más adelante, en la punta de la competencia solo queda un ciclista francés, el otro, que es español, comienza a rezagarse.

15:42. El primer pelotón pasa por la cima del Col du Glandon a cinco minutos del corredor francés que encabeza la competencia.

16:24. El corredor francés a la cabeza acaba de iniciar los catorce kilómetros de ascenso al terrible L'Alpe-D'Huez, tercera y última cuesta del día de dificultad HC. Cuatro minutos más tarde, el primer pelotón de ya solamente trece hombres inicia la subida. Gutiérrez, de Kelme se ha rezagado. Felguérez informa a Botero y le da ánimos, no puede hacer más.

16:30. El estadounidense Armstrong comienza a acelerar y divide al grupo; solo seis corredores le aguantan el paso. Botero se rezaga; de Kelme, únicamente queda Sevilla al frente.

16:32. Armstrong ataca nuevamente y se separa en definitiva.

16:51. Armstrong alcanza al corredor francés fugado y se encamina hacia la meta. Le faltan cuatro kilómetros.

17:01. En el grupo perseguidor, el alemán Ullrich acelera y queda en compañía de solo tres corredores. Uno de ellos es Sevilla de Kelme.

17:10. El estadounidense Armstrong del equipo Postal conquista la décima etapa con un tiempo de seis horas veintitrés minutos y cuarenta y siete segundos. Le siguen el alemán Ullrich de Telekom, el español Beloki de ONCE, el francés Moreau de Festina y el español Sevilla de Kelme. Sin embargo, hay un nuevo líder general: el ciclista galo Simon del equipo francés Bonjour. Botero llega en el puesto número trece y Gutiérrez en el veintidós.

En la ceremonia de premiación se le entregó la camiseta blanca de líder juvenil al español Oscar Sevilla, de Kelme, distinción que se otorga al mejor corredor de veinticinco años o menos. Sevilla era nuestro ciclista más joven con apenas veinticuatro años.

Por equipos, Kelme avanzó al segundo lugar de la clasificación general, a treinta y siete minutos del líder Rabobank.

La cena no pudo ser tan festiva como la de hacía dos días, en virtud de que, si bien estábamos contentos con la camiseta de Sevilla y el segundo lugar del equipo, también estábamos tristes por la caída de González. Había sido una jornada extenuante de casi siete horas de competencia. Después de la cena, nuestros ciclistas preferían evitar la junta e irse a descansar, pues al día siguiente también sufrirían en la prueba contrarreloj individual de subida.

—Yo también estoy muy cansado —dijo Felguérez—. Sé que ha sido un día largo. No iremos a la sala, pero aquí mismo, antes de que se retiren, quiero que aprendamos una sola enseñanza de las dos experiencias individuales de Kelme más sobresalientes de hoy: la caída de Aitor González y la camiseta blanca de Oscar Sevilla.

Los corredores se miraron unos a otros. ¿Qué podían tener en común dos situaciones tan diferentes?

—Aun con lo diametralmente opuestas que son —comenzó a explicar Felguérez—, ambas experiencias obedecen a las mismas reglas del premio y del castigo que forman parte integral de la motivación externa que ya platicamos.

La incógnita entre los competidores seguía creciendo.

Yo me di cuenta de que estaba a punto de escuchar un material valioso para mi trabajo y comencé a anotar de prisa un primer esbozo de lo que más tarde llamé: «Reglas del estímulo».

Felguérez siguió explicando.

—González sabía que si iba en la cola del pelotón corría un mayor riesgo de sufrir una caída, justamente lo acabábamos de hablar hacía un par de días. Por su parte, Sevilla sabía que si llegaba en los primeros lugares el día de hoy tenía altas probabilidades de quedarse con la camiseta blanca. Es decir que ambos conocían de antemano las consecuencias posibles de su comportamiento.

REGLAS DEL ESTÍMULO

1. **El estímulo debe ser conocido**
   Al otorgar un premio o un castigo no debe haber sorpresas.

—A cualquiera que se cayera de la forma en que lo hizo González —continuó diciendo Felguérez—, le pasaría algo; nadie se cae sin llevarse siquiera un golpe. Mientras que a cualquiera de los corredores de veinticinco años o menos que tuviera una actuación como la de Sevilla, le correspondería el honor de portar la camiseta blanca. Esto quiere decir que todo aquel que lleve a cabo determinado comportamiento, será merecedor de las consecuencias de sus actos.

2. **El estímulo debe ser general**
   Al dar un premio o un castigo no debe haber excepciones.

—En el caso de González —prosiguió Felguérez—, está claro que cuanto más rápido fuera pedaleando, más fuerte sería su caída. En el caso de Sevilla, independientemente de la camiseta blanca, el premio en efectivo que ganó está determinado por una tabla que brinda una recompensa más elevada a quienes obtienen un mejor lugar.

3. **El estímulo debe ser proporcional**
   El que consigue mucho debe recibir más premio que el que obtiene poco, al igual que el que se equivoca mucho debe recibir más castigo que el que comete menos errores.

—Por último —señaló Felguérez—, para González resulta contundente: inmediatamente después de que se cae, sufre las lesiones; lo mismo sucede para Sevilla al momento en que llega al frente con tan amplia ventaja, es vestido con la camiseta blanca.

4. El estímulo debe ser inmediato
Para brindar el premio o aplicar el castigo no debe haber demoras.

—¿Qué les parece todo esto? —preguntó Felguérez.

—Suena muy frío —respondió Botero—, es más, muy drástico en el caso negativo, pero cierto al fin y al cabo.

—Y muy interesante... —agregué asintiendo.

—Ahora sí —concluyó Felguérez—, ¡a descansar! Solo les pido que visualicen los premios que esta competencia les puede dar y hagan lo necesario para obtenerlos, sin olvidar que el mayor de todos lo tendremos si cumplimos con nuestra meta.

Me despedí de Felguérez, acudí a la sala de prensa y envié mis conclusiones de ese día. Posteriormente, subí a mi cuarto a tomar un baño y prepararme para dormir, pero cuando se me había vencido el cansancio y comenzaba a soñar, el insistente repiqueteo del teléfono me despertó.

Tomé el auricular y, antes de que pudiera decir algo, una voz me ordenó revisar mi correo electrónico y colgó enseguida.

Lleno de intriga y de sueño, me arreglé un poco y bajé nuevamente a la sala de prensa. En efecto, tenía dos mensajes, ambos marcados como urgentes.

El primero era extenso y provenía del doctor Osborne. Lo leí con premura y me resultó tan inconcebible que fue necesario leerlo con calma una segunda vez.

ACTIVIDAD

Te recomiendo que pongas mucha atención en este PBL puesto que se trata de uno de los principios de más rápida aplicación, y te será de muchísima utilidad para otorgar premios o castigos a los integrantes de tu equipo de la manera más efectiva.

El estímulo

Pensemos por un momento en dos situaciones distantes: la premiación de las damas elite en el Campeonato Europeo de Triatlón de Invierno que se llevó a cabo en Liechtenstein y la caída de un corredor que denominaremos «Juan Pérez» en el Campeonato Mexicano de Ciclismo de Montaña celebrado en la Ciudad de México exactamente en la misma fecha.

En el primer caso se trata del otorgamiento de un estímulo positivo en el que se entregaron las medallas a las mejores competidoras: oro, plata y bronce. Mientras que en el segundo ejemplo hacemos referencia a un estímulo negativo puesto que «Juan Pérez» sufrió diversas lesiones y quedó fuera de la competencia en la que estaba participando.

En ambos casos aparentemente distintos, podemos afirmar que la efectividad del premio o del castigo dependió de cuatro aspectos:

Primero: *que era conocido*, es decir, que se sabía de antemano la consecuencia de una conducta.

Segundo: *que fue general*, puesto que no hubo distinciones para ser otorgado.

Tercero: *que fue proporcional*, pues la consecuencia recibida dependía de la magnitud del acto.

Cuarto: *que fue inmediato*, o sea, que el lapso de tiempo entre la conducta y su consecuencia fue mínimo.

Revisemos en detalle cada uno de estos aspectos.

En cualquiera de los casos anteriores podemos afirmar que *la primera regla del estímulo es que el mismo debe ser conocido,* es decir, que al otorgar un premio o un castigo no debe haber sorpresas.

En el ejemplo de la ceremonia de premiación de las damas elite en el Campeonato Europeo de Triatlón de Invierno todas las competidoras estaban conscientes de que la tres mejores serían merecedoras de subir al podio y de ser premiadas, al tiempo que «Juan Pérez» sabía que si iba en la cola del pelotón correría un mayor riesgo de sufrir una caída.

De esta manera, podemos afirmar que para que un estímulo sea correctamente aplicado, en primer lugar es requisito indispensable que todos los involucrados conozcan las consecuencias que puede traer una conducta determinada.

Ahora bien, nuevamente en cualquiera de las situaciones que estamos estudiando podemos afirmar que *la segunda regla del estímulo es que el mismo debe ser general,* es decir, que al otorgar un premio o un castigo no debe haber excepciones.

En el caso de la ceremonia de premiación del Campeonato Europeo de Triatlón de Invierno, independientemente del país al que representaban, de la edad que tuvieran, o de alguna otra característica particular, las tres mejores competidoras subieron al podio y fueron premiadas, a la par que a cualquiera que se cayera de la forma en que lo hizo «Juan Pérez» le pasaría algo; nadie se cae de la bicicleta en un campeonato nacional sin llevarse siguiera un golpe.

Por lo tanto, podemos afirmar que para que un estímulo sea correctamente aplicado, en segundo lugar es requisito indispensable que no haya distinciones para que se otorgue, es decir, que cualquiera que presente determinadas conductas, debe ser acreedor de sus consecuencias.

De nueva cuenta, en cualquiera de los casos anteriores podemos afirmar que *la tercera regla del estímulo es que el mismo debe ser proporcional,* es decir, que el que consigue mucho debe recibir más premio que el que obtiene poco, al igual que el que se equivoca mucho debe recibir más castigo que el que comete menos errores.

En el ejemplo de la ceremonia de premiación de las damas elite en el Campeonato Europeo de Triatlón de Invierno, las tres mejores competidoras subieron al podio y fueron premiadas, pero no de igual forma: la tercera obtuvo bronce; la segunda plata; y la primera oro y el honor de escuchar el himno de su nación, mientras que en el caso de «Juan Pérez», está claro que cuanto más rápido fuera pedaleando, más fuerte sería su caída.

De esta manera, podemos afirmar que para que un estímulo sea correctamente aplicado, en tercer lugar es requisito indispensable que haya distinciones entre los diversos niveles de logro o los diversos niveles de falta, según sea el caso.

Finalmente, en cualquiera de las situaciones que estamos estudiando podemos afirmar que *la cuarta regla del estímulo es que el mismo debe ser inmediato,* es decir, que para brindar el premio o aplicar el castigo no debe haber demoras.

En el ejemplo de la ceremonia de premiación de las damas elite en el Campeonato Europeo de Triatlón de Invierno tenemos que dicho acto protocolario se llevó a cabo menos de diez minutos después de que finalizó la competencia, al tiempo que para «Juan Pérez» resultó contundente: inmediatamente después de que se cayó, sufrió el dolor y las lesiones.

Por lo tanto, podemos afirmar que para que un estímulo sea correctamente aplicado, en cuarto lugar es requisito indispensable que no haya demoras para brindar el premio o aplicar el castigo.

Las reglas del estímulo son muy sencillas de recordar si las asocias con la mano y el fuego:

1. Todos sabemos que si acercamos la mano al fuego nos vamos a quemar.
2. Sin excepción, ni distinciones, quien acerca la mano al fuego se quema.

3. Si acercamos mucho la mano al fuego nos quemamos más que si la acercamos poco.

4. Al acercar la mano al fuego, ¡nos quemamos al instante!

Ten presente que las reglas del estímulo son cuatro: *conocido, general, proporcional* e *inmediato,* **y que tú puedes ser un mejor líder si reflexionas sobre lo siguiente:**

— ¿Los estímulos (premios y castigos), que estás facultado para otorgar a los miembros de tu equipo, son conocidos por todos ellos?

— Si no es así, debes comunicárselos claramente, de manera que no haya posibilidad de que en algún momento te digan que ellos no sabían.

— ¿Siempre que un comportamiento lo amerita, das el premio o aplicas el castigo, independientemente de la persona?

— Si no ocurre de esta manera, estás haciendo excepciones que darán al traste con la equidad de tu equipo.

— ¿Contempla, el sistema de estímulos que manejas, niveles diferenciados de premios y castigos en función de las posibles actuaciones?

— Si no los contempla, se trata de un sistema plano que perderá su efectividad en el mediano plazo.

— ¿Procuras premiar o castigar a los integrantes de tu equipo lo más rápido posible después de que se ha presentado el comportamiento que lo amerite?

— Si no lo haces, tus estímulos pierden la fuerza del momento y les llegarán con poco impacto.

II

LA DECISIÓN

Doctor Miravalle:

Ha llegado el momento en que es inevitable revelarle algunas cosas. Vamos por partes, quizá me entienda mejor si comienzo desde el inicio. En cualquier campo de la vida en el que se tiene que alcanzar una meta a través de un grupo de personas, lo que vuelve exitoso a un líder es su capacidad para lograr resultados extraordinarios con personas ordinarias.

De esta manera, si la mayoría de quienes ejercemos el liderazgo trabajamos con individuos ordinarios, la diferencia en el desempeño final de un equipo depende, sobre todo, de la calidad en la conducción que lleva a cabo el líder.

De acuerdo con el marco organizador de nuestro proyecto, *el trabajo en equipo, el poder, la motivación, el mandato y el estímulo,* que recién acaba de enviarme, son temas que integran el conjunto que hemos denominado *los principios relativos a la conducción del equipo.*

Sin embargo, en este conjunto faltan dos principios más: *la decisión,* de la que hablaremos en las siguientes líneas y *el estilo* que, aunque pertenece a este conjunto, al mismo tiempo brinda la pauta para un tercer y último conjunto que llamaremos *los principios relativos al contenido del líder.*

Una vez aclarado el punto en donde estamos ubicados, abordemos pues las:

CARACTERÍSTICAS DE LAS DECISIONES DEL LÍDER

Decidir es experimentar el vértigo de la libertad.

El **acierto** y la **oportunidad** son los dos atributos indispensables que toda decisión debe pretender.

A pesar de que todos tomamos diversas **decisiones** cada día, el líder debe estar consciente de que estas afectarán a una colectividad, por lo tanto, siempre debe tener en cuenta las particularidades de sus **decisiones.**

1. Obligatoriedad

El líder **siempre** tiene que **decidir.** Con independencia del método utilizado, que puede ser más o menos participativo según el caso, debe seleccionar una de las alternativas posibles. El líder no puede esperar a que otros **decidan** por él, ni tampoco puede aguardar a que las circunstancias lo hagan. Siempre es preferible fallar por error que por omisión, es decir, que el líder puede equivocarse, pero nunca faltar a su deber de decidir.

2. Responsabilidad

El líder **siempre** es el último responsable de la **decisión.** Sin importar el método utilizado para seleccionar la alternativa, una vez tomada la **decisión** el líder debe responder completamente por ella: si falla, deberá sufrir el fracaso, de la misma manera que si acierta, tendrá todo el derecho a disfrutar del éxito. No hay más, **decidir** es un acto de compromiso y todo compromiso trae consigo consecuencias.

3. Finalidad

El líder **siempre** tiene que **decidir** con base en la meta. La alternativa seleccionada, más allá de los gustos e intereses personales del líder o de los miembros del equipo, debe ser aquella que brinde la mayor probabilidad de lograr el cumplimiento de la meta. En algunas ocasiones, el deber de **decidir** no es grato, porque se pueden estar afectando intereses o gustos particulares, sin embargo, jamás hay que perder de vista que el bien común siempre será más importante que el bien particular.

4. Alcance

Las **decisiones** del líder **siempre** deben contener más amplitud de espacio, más horizonte de tiempo y más consideración del entorno, que las de cualquiera de las personas de su equipo. Él debe ser un individuo de grandes miras, o al menos mayores a las del grupo que dirige, no importa si está al frente de una familia, de un equipo de ciclismo o de una nación entera.

¿Sabe cuál es la *decisión* más importante que debe tomar un líder?

Si el líder es responsable de definir la meta, esa es precisamente la *decisión* más importante que debe tomar, pero si no lo es, la *decisión* más significativa es la designación del jefe de su equipo.

Lo ideal sería que el líder tuviera total libertad para seleccionar a toda su gente, pero la mayoría de las veces no la tiene porque llega a un sitio en donde las cosas ya están funcionando.

Sin embargo, lo que *siempre* puede y debe hacer es designar entre esas personas a quien será su brazo derecho; aquel segundo de abordo que tiene la capacidad de comprenderlo, de tomar *decisiones* en su ausencia y de ayudarlo en la conducción del equipo.

Pues bien, doctor Miravalle, en nuestro caso, la meta del proyecto que me encomendaron ya estaba previamente definida: *Identificar claramente los principios básicos para un correcto ejercicio del liderazgo y proveerlos de un marco organizador que los haga accesibles a cualquier persona.*

Mas yo tuve la libertad y tomé la *decisión* de nombrarlo mi brazo derecho, tal como ha ocurrido en el ámbito académico que hemos compartido por más de veinte años, pues siempre he confiado en usted y usted nunca me ha fallado. Estoy seguro de que ahora tampoco lo hará, y no estoy hablando únicamente del trabajo de investigación que está llevando a cabo. A partir de este momento, también se convertirá en mi brazo derecho dentro de la *Organisation Mondial de Intelligence.*

No me sorprendería que le sonara extraño este nombre. Se trata de un organismo confidencial auspiciado por el Consejo de Seguridad de las Naciones Unidas que, integrado por académicos de diversos países, realiza funciones encubiertas de espionaje en busca de pistas para la identificación y captura de individuos y agrupaciones relacionadas con el terrorismo.

Debido al perfil pedagógico de las actividades que realizamos sus integrantes consistentes, como usted bien sabe, en cátedras, conferencias, seminarios, etc., que impartimos en diferentes países, gozamos de una incomparable libertad de movimiento. Y también en virtud de esta característica educativa, la *OMI* tiene su sede en las instalaciones de la UNESCO, en París.

Todos los miembros de esta organización debemos cumplir con dos requisitos: ser académicos mundialmente reconocidos para tener siempre la posibilidad de viajar a cualquier parte del planeta sin despertar sospechas, así como renunciar a cualquier actividad de índole política o de representación oficial en nuestros países de origen.

Desde hace más de quince años fui invitado a ser miembro de esta organización, gracias a la fama de los libros que he escrito y porque estoy impedido para asumir cargos políticos o diplomáticos pues, como sabe, aunque nací en España, soy mexicano por naturalización.

Su caso, doctor Miravalle, es diferente, pero no por ello menos meritorio. Será el primer mexicano de nacimiento que se integre a la *OMI*. Nuestro país ha adquirido una relevancia mundial a últimas fechas y con el trabajo que está realizando en estos momentos, su prestigio se proyectará a horizontes insospechados.

Por otro lado, su diligente labor durante más de veinte años a mi cargo, en los que he constatado su independencia política e ideológica, me ha dado la confianza necesaria para *decidir* otorgarle mi más amplio respaldo para su ingreso en la organización.

A partir de esta fecha su código será *Feu Tamayo,* por lo que ya no será necesario que utilice el mío, *Soleil Miró,* cuando tenga alguna dificultad o le sea requerido. Ambos estamos subordinados al estadounidense *Spirale Calder,* que a su vez reporta al francés *Eau Bazaine,* presidente de la *OMI*.

Es conveniente que sepa que los códigos de los integrantes de la organización están inspirados en las diferentes
expresiones artísticas contenidas en la sede de la UNESCO: *7
Place de Fontenoy 75352 Paris 07 SP France*, sitio al que deberá
acudir en cuanto finalice la última etapa del *tour*.

Por ejemplo, su código procede del mural *Prométhée
apportant le feu aux hommes*,[1] elaborado por Tamayo, que se
encuentra en el interior del edificio 2 que alberga las salas de
conferencias. Mientras que mi código se deriva del mural que
lleva por nombre *Le mur du soleil*,[2] creado por Miró y Llorens,
que se localiza en el pasillo que une el edificio principal con
el edificio 2.

Unos últimos detalles operativos que debe conocer.

Toda comunicación entre los miembros de la organización se realiza por correo electrónico a través de una de las
redes más seguras del planeta. Memorice su nueva dirección:
feutamayo@omi.unesco.org

Además de la visita que deberá hacer al finalizar el *tour*,
será invitado a algunas asambleas plenarias que se llevarán a
cabo en las salas de conferencias del edificio 2 de la UNESCO.
Ahí conocerá en persona a muchos de los miembros de la
OMI, pero no intente descubrir su identidad real. Entre nosotros, por seguridad, solo utilizamos los códigos. Si por alguna
razón llegara a identificar a alguien, guárdelo en secreto y
jamás lo revele, a menos que le sea solicitado por un superior
o que esta persona haya muerto.

Por cierto, ser miembro de la *OMI* lo hace acreedor de una
serie de privilegios entre los que le puedo mencionar: un emo-
lumento mensual pagadero en dólares, un seguro internacional de gastos médicos ilimitados y un seguro de vida del más
alto nivel.

En este momento, *le Tour de France* se acaba de convertir
para usted en mucho más que una oportunidad para realizar

un trabajo escrito de envergadura mundial. Será responsable de sustituir al desaparecido *Le Corbusier*, mejor conocido por usted como el doctor Maurice Gerard.

Le aseguro que esta nueva faceta de su vida traerá consigo muchas satisfacciones, pero al mismo tiempo más riesgos... Las redes terroristas están tras nosotros. Esté alerta.

Mi siguiente comunicación le llegará desde soleilmiro@ omi.unesco.org y, en todo lo concerniente a la organización, usted dejará de ser el doctor Miravalle, para convertirse en *Feu Tamayo*.

Por lo pronto, en nombre de mis compañeros y superiores de la *OMI*, le doy la más cordial bienvenida y le deseo el mayor de los éxitos.

No cabe duda que en este mensaje el doctor Osborne respondía a las preguntas que me habían surgido a partir de su correo anterior.

Me sentía distinguido, pero a la vez consternado y con el deber de cumplir con un mandato mucho mayor, y mi migraña lo confirmó.

Me preguntaba cuándo tendría más noticias de la *OMI*, y la respuesta no tardó en llegar; de hecho, ya estaba en mi cuenta de correo electrónico. Se trataba del segundo mensaje que aún no leía y que procedía de spiralecalder@omi.unesco.org y tenía copia para soleilmiro@ omi.unesco.org.

Bienvenido a la *OMI*, *Feu Tamayo*.

Era necesario reemplazar a *Le Corbusier* y teníamos varios candidatos.

No fue una *decisión* sencilla, nos requirió de varios días para tomarla.

Pero el contar con la más amplia recomendación de *Soleil Miró*, uno de nuestros mejores y más respetados miembros, le valió el nombramiento.

Espero que cumpla con la expectativa de ser, como lo aseguró su mentor, un excelente analista de situaciones problemáticas complejas. Estamos ante una de ellas.

Su ubicación es clave para detener la ola de terrorismo en el *tour*.

Llevamos dos amenazas cumplidas y una tercera en camino para mañana, lo que nos deja poco tiempo y nos obliga a *decidir* rápido.

¿Qué opina del último verso? Espero su respuesta de inmediato. Una última recomendación: siempre que me envíe algo, marque copia a *Soleil Miró*.

Spirale Calder

P.D.: revise su correo varias veces al día.

Sentí caer el peso de una enorme losa de concreto sobre mis espaldas.

Rápidamente subí a mi habitación para consultar algunos documentos y tratar de armar una carpeta útil e inteligible.

Regresé con ella a la sala de prensa, me senté nerviosamente frente a la computadora, respiré profundamente y me dispuse a contestar.

ACTIVIDAD

Decidir es experimentar el vértigo de la libertad. De ahí que no a todas las personas les agrade tomar decisiones, menos aun cuando estas involucran a más gente, por lo que sin duda la aversión a decidir es uno de los factores que más limita la capacidad de liderazgo. De esto se trata el tema de ahora pues, a pesar de que todos tomamos diversas decisiones cada día, el líder debe estar consciente de que las suyas afectarán a una colectividad, por lo que siempre debe tener en cuenta las particularidades de sus decisiones.

La decisión

Te propongo que pienses por un momento en la actividad que desempeña un guía de turismo. Supongamos que para conocer Europa has decidido integrarte a una excursión organizada por una prestigiosa agencia de viajes que te llevará por diversas ciudades del Viejo Continente a lo largo de tres semanas.

Londres, París, Estrasburgo, Nuremberg, Salzburgo, Venecia, Florencia, Roma, Niza, Barcelona y Madrid, son las poblaciones que aparecen detalladas en el itinerario, el cual además especifica las visitas que se llevarán a cabo en cada sitio, así como los detalles sobre la alimentación y el hospedaje.

Todo comienza de maravilla y se desarrolla sin contratiempos hasta que, un día antes de abandonar Londres con destino a París, te enteras de que la mundialmente famosa *Ciudad Luz*, se encuentra muy afectada por una huelga general de trabajadores que durará varios días. Ante ese escenario, se debe tomar una decisión que, además de ser acertada y oportuna, debe considerar cuatro particularidades:

La primera característica de la decisión del guía de nuestra excursión es la obligatoriedad, es decir, que el líder de un grupo siempre tiene que decidir; y que, con independencia del método utilizado, que puede ser más o menos participativo según el caso, debe seleccionar una de las alternativas posibles. El líder de un grupo no puede esperar a que otros decidan por él, ni tampoco puede aguardar a que las circunstancias lo hagan. Siempre es preferible fallar por error que por omisión, en otras palabras, el líder puede equivocarse, pero nunca faltar a su deber de decidir. ¿Te imaginas al grupo turístico completo paralizado porque el guía no toma una decisión?

La segunda característica de la decisión del guía de nuestra excursión es la responsabilidad, lo que significa que el líder de un grupo siempre es el último responsable de la decisión y que, sin importar el método utilizado para seleccionar la alternativa, una vez tomada la decisión el líder debe responder completamente por ella: si falla, deberá sufrir el fracaso, de la misma manera que si acierta, tendrá todo el derecho a disfrutar del éxito. ¿Qué pensarías del guía si modificara el itinerario, resultara contraproducente y después se separara del grupo turístico «por enfermedad»?

La tercera característica de la decisión del guía de nuestra excursión es la finalidad, o sea, que el líder de un grupo siempre tiene que decidir con base en la meta y que la alternativa seleccionada, más allá de los gustos e intereses personales del líder o de los miembros del equipo, debe ser aquella que brinde la mayor probabilidad de lograr el cumplimiento de la meta. Sabemos de sobra que en algunas ocasiones el deber de decidir no es grato porque se pueden afectar intereses o gustos particulares, sin embargo, jamás hay que perder de vista que el bien común siempre estará por encima del bien particular. Dado que el propósito de nuestro viaje es conocer diversas ciudades europeas, no sería aceptable que nuestro guía decidiera que nos quedáramos en Londres hasta que se resolvieran los problemas de París: ¿qué pasaría si transcurrieran las tres semanas, no hubiera solución en Francia y llegara el tiempo de regresar a América?

La cuarta característica de la decisión del guía de nuestra excursión es el alcance, en otras palabras, las decisiones del líder de un grupo siempre deben contener más amplitud de espacio, más horizonte de tiempo y más consideración del entorno, que las de cualquiera de las personas de su equipo. El líder debe ser un individuo de grandes miras o, al menos, mayores a las del grupo que conduce. ¿Qué opinión te merecería nuestro guía si te preguntara cuál sería el mejor camino a tomar?

Ten presente que las características de las decisiones del líder son cuatro: *obligatoriedad, responsabilidad, finalidad* y *alcance*, y que tú puedes ser un mejor líder si reflexionas sobre lo siguiente:

— ¿Estás consciente de que para ti, como líder, el acto de decidir es una obligación?

— Si no lo estás, entonces se creará un vacío que inmediatamente será llenado por aquel que sí se arriesgue a experimentar el «vértigo de la libertad».

— ¿Te queda claro que, una vez tomada una decisión, tú eres el último responsable de ella?

— Si no es así, significa que estás tomando a la ligera tu papel y que debes rectificar antes de que sea tarde.

— ¿Estás convencido de que tus decisiones deben ir más allá de los gustos e intereses personales, buscando siempre el bien común?

— Si no lo estás, seguramente sufrirás la crítica y el desprestigio que conllevan las decisiones en las que se aprecia un claro favoritismo.

— ¿Antes de tomar una decisión, te aseguras de que has considerado suficiente espacio, suficiente tiempo y un suficiente entorno, de manera que no te vayas a quedar corto de miras?

— Si no lo haces, adquiere de inmediato el hábito de preguntarte sobre estas tres dimensiones (espacio, tiempo y entorno) antes de decidir.

12

EL ESTILO

Spirale Calder:

Gracias por sus palabras de bienvenida; revisaré mi correo como lo indica.

Este es mi razonamiento:

De acuerdo con el programa del *tour*, la etapa de mañana es una prueba contrarreloj individual de ascenso que dará inicio a las 12:00 horas con la salida del primer corredor en *Grenoble*, y estará terminando como a las 17:20 horas con la llegada del último corredor a *Chamrousse*. Se estima un tiempo promedio de una hora con veinte minutos para que cada ciclista complete el trayecto.

El programa indica que los corredores que vayan terminando la prueba, deben regresar en bicicleta por el mismo camino ya que, habiendo alcanzado la cumbre, será un rápido recorrido de bajada que cubrirán en unos cuarenta minutos, por lo que los primeros llegarán de vuelta a *Grenoble* como a las 14:00 horas.

A partir de las 15:00 horas se irán llenando los autobuses que transportarán al *tour* completo al aeropuerto de *St-Étienne-de-St-Geoirs*, ubicado a cuarenta kilómetros de *Grenoble*, para proceder al traslado aéreo en una serie de pequeños aviones comerciales con destino final en la ciudad de *Perpignan*, donde se tomará un día de descanso y arrancará la siguiente etapa hasta dentro de dos días.

El primer vuelo debe partir de *Grenoble* a las 17:00 horas, es decir, minutos antes de que finalice la etapa para los corredores que tomen la salida al final, e irá saliendo un vuelo cada treinta minutos de manera ininterrumpida hasta las 24:00 horas, para hacer un total de quince vuelos que, una hora después de su partida, estarán aterrizando en *Perpignan*.

El significado de la última copla amenazante, que en las dos ocasiones anteriores se ha cumplido, hace referencia a un atentado aéreo que pueda ser visible desde *Chamrousse*, por lo que el o los aviones que tienen como blanco, deberán ser atacados apenas hayan despegado.

Así mismo, considero que hay más probabilidades de que esto ocurra una vez que se haya ocultado el sol, en virtud de que la noche daría un toque más tenebroso y haría al atentado visible desde más lejos. Esto hace críticos los vuelos a partir de las 19:30 horas.

En mi opinión, el modo de operar del grupo terrorista al que nos enfrentamos hace que sea indispensable que sus versos se hagan realidad de acuerdo a lo que está escrito. Son como una profecía que, o se cumple de la manera en que está redactada, o no tiene sentido.

Mi conclusión: el atentado debe ocurrir en el aire, por la noche y muy cerca del aeropuerto de *St-Étienne-de-St-Geoirs*.

Mi recomendación sería posponer el traslado por avión a *Perpignan* para pasado mañana, a plena luz del día, y cambiar el origen de los vuelos a un aeropuerto que, por la distancia, haga imposible ver desde *Chamrousse* un estallido aéreo diurno.

Esto nos deja tres posibilidades: el aeropuerto de *Chambéry*, sesenta y cinco kilómetros al norte de *Grenoble*, el de *Valence*, ochenta y cinco kilómetros al oeste, o el de *Lyon*, cien kilómetros al noroeste.

Espero nuevas instrucciones.

Feu Tamayo

Leí una vez más el escrito. Me pareció acertado y envié mi respuesta con copia a *Soleil Miró*. También redacté un breve mensaje de agradecimiento al doctor Osborne y mandé uno más con saludos a mi familia. ¡La nueva aventura había comenzado!

Al día siguiente me desperté tarde y ya no me fue posible tomar el almuerzo completo. Antes de salir del hotel rumbo a la competencia, pasé a la sala de prensa y vi un nuevo correo de *Spirale Calder* en el que me daba las gracias por mi punto de vista, me decía que habían trabajado toda la noche y me informaba que la decisión final consistía en posponer el traslado aéreo, el cual se llevaría a cabo al día siguiente por la mañana y los vuelos saldrían del aeropuerto original de *St-Étienne-de-St-Geoirs*. Las brigadas internacionales antiterrorismo revisarían a lo largo de ese día todos y cada uno de los aviones, así como la terminal aérea.

Finalmente, me instruía a estar pendiente de alguna nueva comunicación de su parte. Por el momento, podía seguir adelante con mi trabajo de investigación.

Salí del hotel y abordé un autobús de los que tenían marcado en el parabrisas «Kilómetro 13.5», pues ese era el sitio exacto que me había recomendado Felguérez para presenciar la prueba: justo donde terminaba la parte plana y comenzaba la subida categoría HC de dieciocho kilómetros. Además, en ese lugar los ciclistas podían recibir abastecimiento desde tierra y marcarían su primer tiempo parcial que les permitiría saber su posición respecto a los demás competidores.

Al llegar me dirigí de inmediato a la tribuna exclusiva para personal acreditado y me instalé en la sección que me permitía una mayor visibilidad.

Encendí mi grabadora y comencé a narrar.

De Grenoble, *ciudad dedicada a la investigación y a la industria energética, a la estación de recreo de* Chamrousse, *hay treinta y dos kilómetros de subida que el día de hoy servirán para llevar a cabo la decimoprimera etapa; una prueba contrarreloj individual.*

Al igual que en la etapa de ayer, nuevamente el estadounidense Armstrong es favorito para ganar.

Hoy será nuestra última jornada en los Alpes Franceses y mañana, que es día de descanso, volaremos a Perpignan *para continuar la competencia pasado mañana en los Pirineos Orientales...*

Mi narración fue interrumpida por un caballero que estaba sentado a mi lado.

—Disculpe señor... —hizo una pausa en su intervención para que yo completara.

—Miravalle.

—Señor Miravalle —repitió con cortesía—. Mucho gusto, soy Bernard Hinault.

—¿Bernard Hinault? —pregunté con asombro—. ¿El legendario ciclista francés que triunfó en este *tour* en cinco ocasiones?

—A sus órdenes —respondió con sencillez.

—Es un placer conocerle en persona, ¿qué hace por aquí?

En ese momento se escuchó por los altavoces que el primer corredor estaba por llegar al lugar donde nos encontrábamos.

—Lo mismo que usted, señor Miravalle —contestó—, me dispongo a disfrutar de la competencia. Solo que me atreví a interrumpir su grabación porque me llamó la atención que dijera que mañana es el día de vuelo a *Perpignan,* cuando de acuerdo con el programa viajaremos hoy mismo.

—Al parecer... —dije un poco desconcertado, dándome cuenta de mi indiscreción—, hubo un cambio de planes de último momento.

—¿Quién se lo dijo? —preguntó—. Yo no me he enterado de nada al respecto.

—Esteee... —vacilé un poco antes de contestar.

Justo en ese instante pasó frente a nosotros el primer ciclista y arrancó una ovación de los espectadores, situación que estaría ocurriendo cada dos minutos durante las próximas cuatro horas.

—...al revisar mi correo electrónico por la mañana —completé mi respuesta—, tenía un mensaje con ese aviso.

—¡Qué raro! Yo también revisé mi correo por la mañana y no fui notificado —enseguida preguntó—. ¿A qué se dedica usted?

Su cuestionamiento fue acompañado de un gesto de extrañeza.

—¡Ah! Ya veo —dijo tomando mi acreditación—, cronista deportivo. ¡Ustedes siempre gozan de datos privilegiados!

Suspiré de alivio al darme cuenta que ya no tendría que seguir dando más explicaciones.

—Y dígame, ¿es de buena fuente su información?

—Se lo garantizo —respondí con seguridad.

—Entonces no hay que preocuparnos por empacar con prisa, tendremos toda la tarde para hacerlo. ¿Hace mucho que cubre el ciclismo?

—Realmente no tanto —contesté un poco incómodo—, de hecho es mi primera competencia. Mi experiencia deportiva anterior tiene que ver con el atletismo y con el triatlón...

De repente caí en cuenta de que tendría por vecino durante toda la competencia a una autoridad mundial en la materia. ¡Podía ser una gran oportunidad para aprender! Decidí probar suerte.

—Aprovechando que estaremos juntos durante un buen rato, ¿tendría inconveniente señor Hinault en ilustrarme respecto al deporte del ciclismo, en especial con relación a esta prueba contrarreloj individual? Por lo que he visto, hay similitudes interesantes con la parte en bicicleta dentro del triatlón.

—En lo absoluto —dijo amablemente—. Cuente conmigo. ¿Ya conoce la mecánica de arranque de este tipo de pruebas?

—Sí, estuve observando con lujo de detalle la etapa contrarreloj por equipos bajo la tutela del señor Felguérez.

—¿Felguérez? —preguntó un poco desconcertado.

—El entrenador del equipo Kelme. ¿No lo conoce?

—No personalmente, pero... creo haber escuchado de él. En fin —continuó—, siéntase con la completa libertad de preguntarme todo lo que quiera.

—Muchas gracias señor Hinault, así lo haré.

Los ciclistas seguían pasando a toda velocidad cada dos minutos con una precisión casi cronométrica, y después de haber observado un buen número de ellos, me atreví a comentar.

—Además de los aspectos que ya aclaré con el señor Felguérez el día de la prueba contrarreloj por equipos, lo primero que hoy llama mi atención es la gran diversidad de bicicletas que utilizan los corredores, mucho mayor que en el triatlón. Independientemente de la marca, las diferencias fundamentales se encuentran en los cuadros, las ruedas y los manubrios.

—En efecto —intervino Hinault—, el día de hoy tiene la oportunidad de ver cuadros de acero, aluminio y fibra de carbono, con diferente forma de construcción. Tenga la seguridad de que cada uno de ellos fue hecho a la medida de su dueño y pensado exclusivamente para pruebas contrarreloj. En cuanto a las ruedas, también llamadas rodadas, las hay de rayos, con rin profundo o «donas», de aspas y de disco o «lenticulares». En este aspecto —continuó explicando con la autoridad que brinda el conocimiento profundo de un tema—, la selección se hace con base en el tipo de terreno, la fuerza del viento y la potencia del corredor. Con relación a los manubrios, también conocidos como manillares, es posible ver el tradicional, con las curvaturas hacia abajo; el contrarreloj, con las curvaturas cortadas y hacia arriba; y los accesorios de aerobarras de varias longitudes y diseños. ¿Qué otra cosa le parece interesante?

Tomé unos segundos antes de responder puesto que justamente estaba pasando por el sitio el español Gutiérrez, de Kelme. Después de lanzarle algunos gritos de aliento, retomé la conversación.

—Disculpe usted señor Hinault, el equipo español Kelme es mi anfitrión en este *tour* y me emociona verlos competir.

—No se preocupe, lo entiendo perfectamente. Yo también saltaré cuando mis favoritos pasen por aquí.

—En segundo lugar —regresé al tema de la técnica ciclista—, me doy cuenta de la diferente postura que adopta cada competidor sobre su bicicleta.

—¡Buena observación! —expresó Hinault visiblemente entusiasmado—. Sin duda puedo decirle que este aspecto, si bien es fundamental para el desempeño de un ciclista, son pocas las personas que lo notan y menos aun las que le dan la importancia debida. Es un poco complejo, pero déjeme ver si le puedo explicar fácilmente —con una mano sobó varias veces su barbilla y cuando creyó estar listo continuó—. Una vez que un ciclista tiene el cuadro hecho a su medida y ha elegido el manillar que utilizará, son cinco los elementos que puede manipular para definir su posición sobre la bicicleta: primero, la longitud del poste del manillar; segundo, la altura de dicho poste; tercero, la longitud de las bielas o palancas de los pedales; cuarto, la altura del poste del asiento o sillín; y quinto, la distancia entre este y el manillar. Como podrá imaginarse, las combinaciones son innumerables, pero la decisión final debe tomarse con base en la antropometría del ciclista y su tipo y fuerza de pedaleo.

El pedaleo... ese era otro aspecto que para mí había sido muy notorio, sobre todo a partir de mi experiencia en el triatlón.

—¡*Allez* Jalabert!

Esta vez fue Hinault quien animó a uno de sus compatriotas.

—Respecto al pedaleo —comenté una vez que hubo pasado por completo el ciclista francés—, también me he dado cuenta de que, aun cuando los competidores van a la misma velocidad dentro de un pelotón, algunos pedalean más rápido, mientras que otros lo hacen más lento, y lo mismo puede observarse con claridad el día de hoy aunque se trate de una prueba individual. ¡Mire! —señalé con el brazo hacia la carretera—, justamente el corredor que va pasando lleva un ritmo de pedaleo mucho más elevado que el que viene detrás de él dispuesto a rebasarlo.

—Esto se debe —comenzó a explicar—, a que existen básicamente dos tipos de ciclistas: los potentes y los ágiles. Partiendo de esto, hay que elegir la combinación de velocidades que más le favorezca a cada uno. Los corredores potentes usan una combinación más dura, con mayor avance, mientras que los ágiles utilizan una combinación más suave, con menor avance, por lo que estos últimos tienen que pedalear más rápido para lograr la misma velocidad que los otros.

—¡Vaya señor Hinault! —exclamé—. Sí que hay toda una ciencia detrás del tema y eso que nada más hemos comentado tres detalles. Ya me imagino todo lo que podría decirme sobre cada uno de los aspectos del ciclismo... ¡Vamos Sevilla! ¡Vamos Botero! —grité de improviso al ver pasar a los dos corredores de Kelme que venían prácticamente rueda con rueda.

—Precisamente esa es una de las responsabilidades del entrenador —afirmó categórico—: adecuar todas y cada una de las variables bajo su control para obtener el máximo desempeño de su equipo. En el caso particular de un ciclista, esta importante adecuación define su *estilo* de rodamiento, es decir, su forma personal de hacer uso y sacar el mayor provecho de la técnica a su alcance.

—Entonces, ¿eso quiere decir que no hay un *estilo* de rodamiento ideal?

—En efecto —respondió—. El *estilo* de rodamiento es único e irrepetible como el corredor mismo y, tal como lo hemos estado observando y comentando, depende de muchos factores, pero lo más importante es que sea adecuado a las condiciones de la competencia y que el pedalista se sienta cómodo con él. Si las condiciones de la competencia varían o el ciclista comienza a sentirse incómodo, el *estilo* debe cambiarse.

—Permítame un segundo señor Hinault, déjeme hacer algunas anotaciones de lo que hemos estado platicando, todo esto es muy interesante para mi trabajo...

—¡*Allez!* ¡*Allez!* ¡*Allez* Moreau! —grité a todo lo que pudo cuando pasó frente a nosotros el gran favorito de Francia.

Comencé a redactar algunas conclusiones al mismo tiempo que le explicaba a mi interlocutor que, en adición a mi tarea de crónica deportiva, estaba utilizando el *tour* como escenario para la ejemplificación de los principios de liderazgo con objeto de lograr su difusión masiva.

Hinault se mostró muy interesado y me pidió que le mostrara mis anotaciones, lo que hice con mucho gusto.

FACTORES QUE DETERMINAN EL ESTILO DE LIDERAZGO

1. **La naturaleza de la actividad**

   El **estilo** de liderazgo debe ser acorde a la operación que se desarrolle.

   Es muy diferente conducir un grupo de personas en el ejército, que en el ciclismo. Más aun, dentro de la actividad existen subactividades que requieren variaciones en el estilo de liderazgo. Por ejemplo, en el ejército es necesario cambiar el **estilo** si se está en tiempo de guerra o si se está en tiempo de paz, mientras que en el ciclismo es necesario modificarlo si se compite en una prueba contrarreloj por equipos o en una prueba de alta montaña.

2. **La naturaleza de los integrantes**

   El **estilo** de liderazgo debe ser acorde al tipo de personas que integran el equipo de trabajo.

   Nuevamente, es distinto dirigir militares que ciclistas; de hecho, al conducir militares es diferente tratar con coroneles que con cabos, de la misma manera que al guiar ciclistas es diferente tratar con profesionales que con aficionados.

3. **La naturaleza del líder**

   El **estilo** de liderazgo debe ser acorde a las características del líder ya que es un rasgo propio de la persona que difícilmente podrá cambiarse, aunque es perfectible. Cada persona debe descubrir el **estilo** de liderazgo con el que se sienta más cómodo y auténtico en cada situación.

—De la forma en que lo plantea —cuestionó Hinault—, podemos hablar de tantos *estilos* de liderazgo como individuos.

—Al igual que —repuse con rapidez—, según me aseguró hace unos momentos, existen tantos *estilos* de rodamiento como ciclistas.

—¿Qué hay entonces de los *estilos* clásicos de liderazgo definidos por los estudiosos? Justo ahora me encuentro leyendo un renombrado libro sobre este tema.

—Son solo eso —afirmé—, «*estilos* clásicos de liderazgo definidos por los estudiosos» —tomé un segundo antes de proseguir, ante el asombro mostrado por Hinault—. ¿Cuándo ha visto que un verdadero *chef* cocine al pie de la letra una receta? Sin duda debe conocer los ingredientes y el procedimiento, pero cualquiera puede comprar el libro; lo más importante es que desarrolle la sensibilidad para suplir un ingrediente que no pudo conseguir, para adecuar el tiempo de cocción según el horno que use y para agregar esa pizca de sabor que le da a su platillo el toque especial. Esta pericia es como el *estilo* de liderazgo: se puede perfeccionar, pero nunca prestar, vender o heredar. Para la autenticidad jamás habrá sustitutos...

Nuestra conversación fue súbitamente interrumpida por el estruendo de los altavoces gigantes del sonido local que anunciaba los resultados finales de la etapa.

Primer lugar de la décima etapa, con tiempo de una hora, siete minutos y veintisiete segundos, Lance Armstrong de Postal. Segundo lugar, con un minuto de diferencia, Jan Ullrich de Telekom. Tercer lugar, a un minuto con treinta y cinco segundos, Joseba Beloki de ONCE.

Entre los espectadores se escucharon diversos comentarios, siendo el más repetido el que afirmaba que los pronósticos se cumplieron a la perfección. El murmullo cesó ante un siguiente anuncio.

Primer lugar de la clasificación general individual, François Simon de Bonjour. Segundo lugar, a once minutos con un segundo, Andrei Kivilev de Cofidis. Tercer lugar, a trece minutos con siete segundos, Lance Armstrong de Postal.

Esta vez el murmullo se convirtió en gritos de júbilo al saber que el francés Simon seguía al frente de la competencia. Faltaba un tercer anuncio.

Primer lugar de la clasificación general por equipos, Rabobank. Segundo lugar, a veinticinco minutos con ocho segundos,

Kelme. Tercer lugar, a cincuenta y dos minutos con treinta segundos, Festina.

Hubo algunos comentarios menores opacados por la despedida.

Muchas gracias por habernos acomp...

Antes de que la frase pudiera ser terminada y los asistentes comenzáramos a abandonar nuestros lugares, el sonido de los altavoces fue acallado por un estrepitoso ruido proveniente de nuestro lado izquierdo.

Me volví de inmediato y quedé pasmado al descubrir un resplandor que me cegó: una enorme bola de fuego caía del cielo cerca de nosotros.

La gente comenzó a gritar despavorida y a correr sin rumbo. El calor se volvió sofocante.

EJERCICIO INTEGRADOR II

Modelo
"Liderazgo Integral C3"

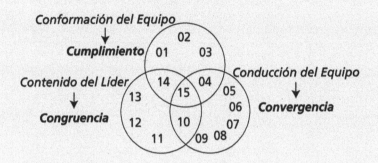

A partir de los seis principios básicos de liderazgo relativos a la conducción del equipo:

05: Las fuentes del poder
06: Las categorías de la motivación
07: Los requisitos del logro
08: Las reglas del estímulo
09: Las características de las decisiones del líder
10: Los factores que determinan el estilo de liderazgo

Realiza un diagnóstico de tu desempeño como líder integral de tu equipo, identificando tus fortalezas (al menos cinco) y tus debilidades (al menos tres), y haciendo una relación de las acciones que te permitirán subsanar tus deficiencias.

13

LAS HABILIDADES

El amasijo en llamas se estrelló a escasos cien metros, justo a un lado de las cabañas en donde estaban dispuestos todos los servicios para los espectadores; de inmediato comenzó a incendiar algunas de ellas, las cuales, por fortuna se encontraban poco concurridas pues apenas había finalizado la etapa y la gente comenzaba a dirigirse hacia allá.

En poco tiempo se formó una enorme columna de humo negro. El desconcierto era generalizado.

De pronto, entre el estridente crujir de la combustión se escucharon unos gritos ahogados: varias personas habían quedado atrapadas en el interior de los establecimientos.

Bajé de la tribuna en la que me encontraba y de manera impulsiva me uní a los pocos socorristas que había en la carpa de primeros auxilios y que corrían directo a las cabañas. Teníamos que actuar sin demora, pues los equipos de rescate tardarían varios minutos en llegar.

Formamos parejas y nos repartimos.

Conforme nos acercábamos a una de las cabañas, el calor aumentaba y se hacía insoportable, mientras los gritos de socorro desaparecían hasta que se volvieron imperceptibles.

No se veían personas desde afuera porque un denso humo llenaba todo el interior. Seguramente ya habían perdido el conocimiento. La puerta estaba trabada y se encontraba muy caliente.

Mi compañero encontró una roca y con ella rompió una de las ventanas de la parte de atrás. El olor a quemado era asfixiante, pero decidió usar su chamarra para cubrirse un brazo y terminar de golpear los cristales que aún impedían el acceso.

Entrelacé mis manos y lo ayudé a trepar por la ventana, y fue en ese momento cuando se produjo la explosión de uno de los depósitos de gas de una cabaña cercana.

Todo el piso se cimbró. Instintivamente me agaché y protegí mi cabeza con ambas manos.

Al tiempo que dejaron de volar partículas incandescentes, mi compañero me pidió que recibiera un cuerpo inerte.

Cargué al individuo inconsciente y corrí a toda velocidad hacia la carpa de primeros auxilios cuando una nueva explosión sacudió el ambiente. Con trabajo llegué al sitio y fui ayudado a colocar al inmóvil cuerpo en una camilla. Los paramédicos se apresuraron a atenderlo y me aseguraron que sobreviviría.

Una vez que los galenos se retiraron para comenzar a atender a otro herido, pude reconocer a la persona que había trasladado: se trataba del inmutable sujeto moreno, delgado, con barba cerrada y gesto avieso. Me quedé impresionado. Por un momento abrió los ojos y nos miramos fijamente.

Comenzaron a escucharse las sirenas de los equipos de rescate y algunos de los refuerzos médicos empezaron a atender a los heridos menores, como era mi caso, pues tenía varios pedazos de vidrio enterrados a lo largo de mi brazo izquierdo y había perdido un poco de sangre.

Hasta que comenzó la curación sentí dolor. Me recostaron y extrajeron uno a uno los fragmentos. Las punzadas eran terribles, pero el dolor me aseguraba que estaba vivo. ¡Pudo haber sido diferente! El helicóptero de la televisión francesa, víctima del atentado terrorista, pudo haber caído encima de la tribuna en la que me encontraba, y yo no lo estaría contando.

Mi convicción seguía firme: nadie muere en la víspera.

Todo mundo viajó a *Perpignan* al día siguiente en los aviones previstos. Yo cumplí con mi promesa y viajé por tren pegado al suelo. No hubo más incidentes. No tenía por qué haberlos. El tercer verso amenazante se había cumplido al pie de la letra; sin embargo, *le Tour de France* seguía adelante...

En la acostumbrada junta de equipo de la noche anterior a la reanudación de la competencia, Felguérez repasó punto por punto la estrategia de Kelme en el *tour*, y remarcó la importancia de cómo la etapa del día siguiente encajaría dentro de ese gran planteamiento. No descuidó un solo detalle técnico ni táctico. Contestó a todas y cada una de las preguntas de sus corredores con suficiente claridad y justificación, e hizo una estupenda labor de motivación consistente en un ejercicio de visualización del cumplimiento de la meta, lo que provocó que los ciclistas terminaran más que eufóricos. Finalmente, los invitó a que siguieran su ejemplo y se sentaran en el piso formando un círculo y les dijo con tono cálido:

—Escuchen bien muchachos. Llevamos doce días de competencia, más de 1,800 kilómetros en las piernas y dos corredores perdidos. Hemos surgido poco a poco desde atrás y los otros equipos lo saben. En este momento Kelme ya es la mejor escuadra española de la competencia y únicamente nos supera Rabobank en la clasificación general. Tenemos que seguir adelante. El mundo no nos conoce y por lo mismo, nos ignora, pero ¡vamos a mostrarles quiénes somos y de qué estamos hechos!

—¡¡¡Sí!!! —gritaron todos al unísono.

—No olviden el plan general para mañana —siguió hablando el entrenador—. Sevilla, Botero y Gutiérrez deben cuidar al estadounidense Armstrong, al alemán Ullrich, al español Beloki y al francés Moreau, mientras que Tauler, Vidal, Pascual y Cárdenas estarán pendientes de cualquier intento de fuga.

Felguérez hizo una solemne pausa y me invitó a unirme al círculo que formaba su equipo. Tomó las manos de los ciclistas que se encontraban a su lado, las apretó con fuerza y cerró los ojos. Todos hicimos lo mismo. Mis manos comenzaron a calentarse y percibí una sensación de intercambio de energía entre los presentes, aunque el brazo izquierdo me punzaba en los sitios en los que había estado clavado algún pedazo de vidrio. Comenzó a hablar muy despacio.

—Estamos preparados para tratar, con todo nuestro ser, de cumplir con nuestra meta. A eso hemos venido. Estamos seguros de que sabemos, podemos, queremos y debemos morir en la raya antes que renunciar a lograrla. Quiero que demos gracias a Dios porque a pesar de todos los peligros a los que hemos estado expuestos, todavía nos mantenemos unidos aquí y ahora. Solo nos resta ofrecerle nuestro mejor esfuerzo en el camino que está por venir.

Lentamente abrimos los ojos y nos soltamos de las manos. Reinaba un ambiente de paz y confianza. Nos despedimos de manera efusiva y abandonamos la sala.

Me dirigí a revisar mis correos. No tenía ninguno nuevo, por lo que me dispuse a enviar la reseña del atentado a *Spirale Calder* y *Soleil Miró*, para luego abandonar el recinto e irme a la habitación, donde dormí plácidamente.

Al día siguiente la competencia reinició. Tomé mi lugar de costumbre en el primer auto de Kelme, encendí mi grabadora y comencé a relatar.

La decimosegunda etapa es un recorrido relativamente corto de 166 kilómetros a través de los Pirineos Orientales, localizados al sur de Francia en la frontera con España, saliendo de la ciudad de Perpignan, importante centro de distribución de frutas, verduras y vinos, y antigua capital del reino de Mallorca, con meta en el poblado turístico de Ax-Les-Thermes, muy cerca de la frontera con Andorra.

La salida se da en punto del medio día y, quitando a los veintitrés corredores que han abandonado, los restantes inician el recorrido.

El pelotón marcha suavemente y así pasa la primera meta intermedia.

De pronto, la radio de la competencia da aviso de una escapada al inicio del ascenso a la primera meta de montaña. Se trata de quince hombres encabezados por el incansable francés Laurent Jalabert, entre los que se encuentra nuestro corredor Pascual.

—El equipo está trabajando de acuerdo al plan —dijo Felguérez una vez que terminó la transmisión—, pero esta fuga no prosperará, va a ver que en cuanto termine la subida, el pelotón acelerará y los alcanzará en la bajada. Los equipos Postal y Telekom no pueden darse el lujo de que sus líderes pierdan más tiempo.

El pelotón alcanza a los escapados en el descenso y unos instantes des-
pués llega por la radio la sorpresiva noticia del abandono del corredor
francés Moreau del equipo Festina quien, sencillamente, optó por bajarse
de su bicicleta.

—Me parece muy extraño que Moreau abandone en una etapa como
esta, yendo en sexto lugar general —fue lo primero que dijo Felguérez—.
Algo debe andar muy mal en el equipo Festina. Al parecer, los problemas no han dejado de perseguirlos desde hace varios años... —de
inmediato dio aviso del abandono a Botero.

La radio informa que un corredor italiano se ha escapado del grupo; el
español Vidal de Kelme sale del pelotón tratando de alcanzarlo. Va muy
bien pero desgraciadamente sufre una pinchadura.

Nuestro auto se adelanta para asistir al corredor. Felguérez se baja y
con increíble *habilidad* cambia en unos segundos la rodada trasera de
Vidal y lo impulsa para que siga en la lucha.

Llega la noticia de que dos corredores han salido del pelotón en busca
del ciclista italiano escapado. Uno de ellos es Laiseka del equipo español
«Euskatel-Euskadi», mejor conocido como Euskatel, y el otro es el colom-
biano Cárdenas de Kelme.

El corredor italiano se mantiene al frente, seguido por Cárdenas y
Laiseka, hasta la entrada al poblado de Ax-Les-Thermes, *en donde dan*
inicio los nueve kilómetros de ascenso categoría HC que le restan a la
etapa.

En esta ocasión sí podemos acercar nuestro auto al frente de la com-
petencia y permanecemos junto a Cárdenas todo el tiempo. Inicialmente

nos pasa su casco para sentirse más ligero y no acalorarse tanto, mientras Felguérez hábilmente lo anima a dar su máximo esfuerzo.

Faltan siete kilómetros, Cárdenas acelera y deja atrás al español Laiseka. Tenemos la radio encendida a todo volumen para que Cárdenas escuche lo que viene sucediendo detrás de él.

A los cinco kilómetros, Cárdenas rebasa al italiano y ¡se convierte en líder de la etapa! Sabemos por la radio que a menos de un kilómetro vienen Armstrong, Ullrich, Laiseka y otro español, a toda velocidad.

El letrero de tres kilómetros aparece delante de nosotros al mismo tiempo que aparecen por detrás, a unos 500 metros, Laiseka y el otro corredor español que, impulsados por su gente, han dejado atrás a Armstrong y Ullrich.

En el puente que señala el último kilómetro, Cárdenas comienza su esfuerzo final, con Laiseka y Armstrong pisándole los talones. Ullrich y el otro español se han retrasado un poco, por lo que Felguérez grita a todo lo que puede para animar a nuestro corredor.

¡Sucede algo imposible de haber sido pronosticado!

El colombiano Cárdenas de Kelme ubicado al inicio de la etapa en la posición 115, a más de una hora y media del líder, triunfa de manera contundente, mientras que el español Laiseka de Euskatel queda en segundo lugar. Después, llega Armstrong de Postal y veinte segundos más tarde arriba Ullrich de Telekom.

Es un gran día para nosotros: Sevilla llega en sexto, Botero en octavo y Gutiérrez en decimonoveno.

El corredor francés Simon de Bonjour conserva la camiseta amarilla y, por tercer día consecutivo, Sevilla es premiado con la camiseta blanca de mejor juvenil. Kelme permanece en segundo lugar por equipos atrás de Rabobank, pero la ventaja de este se reduce de veinticinco a quince minutos.

Por la noche, después de un día triunfante, de una cena reconfortante y de una junta importante, fui a la sala de prensa y redacté las conclusiones de lo que observé esa jornada.

HABILIDADES DEL LÍDER

Una **habilidad** es la sabiduría y destreza que se tiene sobre alguna materia, y todo el mundo puede desarrollar sus **habilidades** porque todos podemos ser más sabios si aprendemos y más diestros si practicamos. Para cualquier función que desarrollemos existen tres categorías de **habilidades**.

1. Habilidad con los objetos

Es la combinación de teoría y práctica que se requiere para conocer el funcionamiento y poder manejar adecuadamente las cosas, los métodos y los procedimientos propios de un campo de especialidad. Esta **habilidad** es particular y normalmente no es posible trasladarla a otro campo de aplicación.

Es indispensable que un entrenador de ciclismo tenga suficiente **habilidad** con los objetos, pues debe conocer profundamente la bicicleta, sus partes, sus propiedades, sus combinaciones, su movimiento, etc., pero difícilmente podrá usar esta **habilidad** para dedicarse a entrenar golfistas.

2. Habilidad con los sujetos

Es la mezcla de teoría y práctica que se requiere para entender el comportamiento de las personas y poder conducirlas adecuadamente. Esta **habilidad** es general y normalmente es posible trasladarla a otro campo de aplicación.

Un entrenador de ciclismo debe tener la suficiente **habilidad** con los sujetos que le permita entender y apoyar a sus corredores, sobre todo en situaciones críticas, **habilidad** que podrá utilizar sin problemas cuando, por ejemplo, tenga que entender y apoyar a su familia.

3. Habilidad con las relaciones entre objetos y sujetos

Es la conjunción de teoría y práctica que se requiere para comprender la interdependencia que existe entre los elementos que forman parte de un todo y poder combinarlos adecuadamente. Esta **habilidad** es tanto general como particular y, con el debido cuidado, es posible trasladarla a otro campo de aplicación.

Es imprescindible que un entrenador de ciclismo tenga la suficiente **habilidad** con las relaciones que le brinde oportunidad de establecer la estrategia general de una competencia por etapas, lo que involucra diferentes terrenos, climas, contendientes, etc., **habilidad** que, estando atento a las particularidades, podrá utilizar si es que en algún momento decide poner un negocio propio y necesita diseñar una estrategia general para vencer a los competidores, misma que seguramente contendrá diversos elementos como productos y servicios, precios y publicidad, entre otros.

En todos las áreas y niveles del liderazgo, se pueden identificar fácilmente las **habilidades** indispensables que es necesario tener a partir de los objetos que se van a utilizar, de los sujetos que van a intervenir y de las relaciones que se van a establecer entre ellos. Una vez identificadas estas tres categorías de **habilidades**, se debe proceder a su aprendizaje y perfeccionamiento a través del estudio y la práctica.

Envié mis notas y me fui a descansar.

A la mañana siguiente el cielo se encontraba completamente despejado y brillaba el intenso sol característico del clima veraniego de los Pirineos Franceses. Las condiciones eran perfectas para gozar de una etapa excepcional, lo que efectivamente sucedió.

ACTIVIDAD

Para hacer más ameno el ejercicio te propongo que incorporemos un poco de música y que pienses por un momento en la orquesta sinfónica de tu preferencia.

En la actualidad, una orquesta sinfónica consta de unos cien instrumentos ordenados bajo la batuta de un director en cuatro secciones: sección de cuerdas, que incluye violines, violas, chelos, contrabajos y arpa; sección de vientos y maderas, que consta de flautas, oboes, cornos, clarinetes y fagotes; sección de cobres, con trompetas, trombones y tuba; y sección de percusiones, que incluye timbal, tambor, bombo, platillos y triángulo, a los que puede agregarse un piano, órgano o cualquier otro instrumento especial que requiera la obra a ser ejecutada.

Pues bien, para llevar a cabo una excelente interpretación en conjunto, el director de la orquesta necesita poseer las tres habilidades del líder que revisaremos a continuación.

La habilidad técnica

Comencemos escuchando algo de música barroca, ¿qué te parece el primer movimiento *allegro* del concierto de Brandenburgo No. 3 en sol mayor, BWV 1048 de Johann Sebastian Bach (1685–1750)?

La primera habilidad del líder es la habilidad con los objetos, que se requiere para conocer el funcionamiento y poder manejar adecuadamente las cosas, los métodos y los procedimientos propios de un campo de especialidad.

De esta manera, lo primero que debe conocer el director de tu orquesta sinfónica favorita es el conjunto de instrumentos que conforman cada una de las cuatro secciones: cuerdas, vientos y maderas, cobres y percusiones, así como su acomodo, y las propiedades y limitaciones de cada uno de ellos.

También debe tener un profundo conocimiento de la música que se interpretará, de su ritmo, melodía y armonía, de los movimientos que la componen, del compositor que la creó, del contexto histórico en que fue compuesta, del propósito de dicha obra, etcétera.

Como podrás darte cuenta, la habilidad técnica es muy particular y específica, por lo que normalmente no es posible trasladarla a otro campo de aplicación. En otras palabras, el director de tu orquesta sinfónica favorita difícilmente podrá usar esta habilidad para dedicarse a dirigir un equipo de futbol americano.

La habilidad humanística

Sigamos adelante con algo de música clásica, ¿qué opinas del primer movimiento *molto allegro* de la sinfonía No. 40 en sol menor, KV 550 de Wolfgang Amadeus Mozart (1756-1791)?

La segunda habilidad del líder es la habilidad con los sujetos, que se requiere para entender el comportamiento de las personas y poder conducirlas adecuadamente.

¿Te has puesto a pensar en todo lo que tiene que hacer el director de tu orquesta sinfónica favorita en esta materia?

En primer lugar, es responsable de definir los puestos que se requerirán para la orquesta. Enseguida debe llevar a cabo el reclutamiento y selección de los músicos, con quienes debe negociar la duración de su contrato, así como su sueldo y prestaciones. Más adelante debe preocuparse por la capacitación y desarrollo de sus músicos, manteniendo una comunicación e integración que le brinde cohesión al equipo, y resolviendo en el camino cualquier eventualidad laboral que pudiera dañar el ánimo de los músicos o el ambiente de la orquesta sinfónica.

Tomando como base las actividades anteriores, seguramente te quedará claro que la habilidad humanística es de tipo general y que normalmente es posible trasladarla a otro campo de aplicación. Es decir, el director de tu orquesta sinfónica favorita podrá utilizar esta habilidad sin problemas cuando, por ejemplo, tenga que hacerse cargo de un puesto administrativo en un conservatorio.

La habilidad conceptual

¿Y si para terminar este segmento le agregamos voces a la música instrumental y disfrutamos del Himno de la Unión Europea? Por supuesto que estamos hablando del cuarto movimiento «Oda a la Alegría» de la sinfonía No. 9 en re menor, Opus 125 de Ludwig van Beethoven (1770–1827).

La tercera habilidad del líder es la habilidad con las relaciones entre objetos y sujetos, que se requiere para comprender la interdependencia que existe entre los elementos que forman parte de un todo y poder combinarlos de manera adecuada.

Y nuevamente podemos hacer una reflexión sobre la labor que lleva a cabo el director de tu orquesta sinfónica preferida: ya revisamos que la primera habilidad que necesita es la técnica, por lo que debe conocer el funcionamiento y manejo adecuado de los instrumentos y la música que se interpretará; y que la segunda habilidad que requiere es la humanística, que lo hace responsable del proceso que va desde la contratación, hasta la solución de cualquier eventualidad laboral de sus músicos.

Sin embargo, esto no es todo lo que le hace falta al director de orquesta, pues para que pueda lograrse una interpretación excepcional, no basta con saber de instrumentos y músicos por separado, sino que es indispensable comprender que ambos aspectos se complementan y deben ser combinados de manera adecuada para conseguir la meta que se pretende.

De esta manera, en cada uno de los ensayos previos al concierto, el director debe buscar la integración plena de cada músico con su instrumento y de todos los músicos en conjunto, a fin de que el resultado sea exitoso. ¡Imagínate además de lo anterior la inclusión de un coro! ¡Vaya que si se necesitará de habilidad conceptual!

Ten presente que las habilidades del líder son tres: *habilidad técnica, habilidad humanística* y *habilidad conceptual*, y que tú puedes ser un mejor líder si reflexionas sobre lo siguiente:

— ¿Tienes los suficientes conocimientos y experiencia con relación a los objetos, a los métodos y a los procedimientos propios del campo de especialidad del equipo que encabezas?

— Si no los tienes, careces del poder de pericia y estás en desventaja frente a algunos de tus subordinados, por lo que debes aprender y practicar lo más que puedas al respecto.

— ¿Posees la habilidad para entender el comportamiento de las personas y poder conducirlas adecuadamente?

— Debes tener un mínimo de esta habilidad para ocupar el puesto en el que te encuentras, y tu iniciativa de leer a conciencia este libro habla muy bien de tu inquietud por desarrollarte en este campo. ¡Felicidades!

— ¿Tienes la habilidad para comprender la interdependencia que existe entre los elementos que forman parte de un todo y poder combinarlos adecuadamente?

— Nuevamente y con toda certeza debes tener un mínimo de esta habilidad, y estoy seguro que también esta obra está colaborando para tu superación en este aspecto. De cualquier manera, te sugiero que adquieras el hábito de tomar altura para contemplar el bosque y no te conformes únicamente con la observación de un árbol.

14

LOS VALORES

«L e dedico esta victoria a Casartelli».

Esas fueron las primeras palabras de Lance Armstrong después de ganar la *decimotercera etapa,* sobre 194 kilómetros desde *Foix,* ciudad turística conocida por su castillo medieval de tres torres, hasta la estación invernal de *Saint-Lary-Soulsan.*

Empleando cinco horas cuarenta y cuatro minutos y veintidós segundos, completó la escalada de seis puertos de montaña, el último de ellos de dificultad HC, con lo que demostró su superioridad en las dos etapas más demandantes del *tour:* la décima en los Alpes y la de ese día en los Pirineos. Ese triunfo lo colocó como líder general de la competencia y a partir de ese momento fue dueño indiscutible de la camiseta amarilla.

Kelme también celebró. El excelente desempeño de nuestros tres mejores corredores de ese día —Botero, Sevilla y Pascual—, nos permitió colocarnos en primer lugar de la clasificación general por equipos, desbancando a Rabobank. Todos compartimos una deliciosa cena y nos declaramos dispuestos a enfrentar lo que restaba de la competencia con el mejor de los ánimos. Cuando nos quedamos solos, Felguérez me preguntó.

—¿Se dio cuenta de la manera en la que Armstrong cruzó la meta?

—Sí —contesté recordando la imagen—, soltó el manubrio, levantó ambos brazos con los puños cerrados y los dedos índices apuntando al cielo, y volteó hacia arriba.

—Un gran gesto —dijo con solemnidad—. Sabe, el recorrido del día de hoy se hizo por primera vez desde 1995, por el mismo lugar donde perdió la vida el entrañable amigo y compañero de equipo de Armstrong en Motorola. Esa fue la profunda motivación que impulsó al estadounidense a ganar la etapa de esa manera dedicándole la victoria a Casartelli.[1] Sin duda, Armstrong es una de las «grandes figuras» de esta competencia y uno de esos individuos extraordinarios... ¿Cómo es que les llama Osborne?

—Personajes extraordinarios de liderazgo mundial.

—¡Sí! —exclamó—. Para el ciclismo es un personaje extraordinario de liderazgo mundial, como los que podemos encontrar en otros ámbitos de la vida que requieren de una acertada definición y compromiso con los *valores* que profesan. Déjeme contarle la historia de una gran mujer...

De inmediato saqué mi libreta de notas y me dispuse a escribir las primeras ideas relativas a los «Valores del líder»:

Muy atento escuché la impresionante trayectoria llena de logros de la dama en cuestión, hasta que me atreví a interrumpir.

—Permítame un momento, señor Felguérez —solicité mientras anotaba lo que deduje como el primer *valor* de un líder:

VALORES DEL LÍDER

1. El valor de lo práctico

   Es la disciplina con que se hace todo lo necesario para alcanzar las metas, evitando distraer la atención en asuntos secundarios.

—¿Entonces —pregunté enseguida—, desde su punto de vista las personas podrán ejercer mejor el liderazgo si antes han logrado sus propias metas?

—No solo eso —respondió—, sino que antes de ser capaz de conducir a un grupo hacia el cumplimiento de la meta, debió haber sido capaz de conducirse a sí mismo hacia la suya. Pero la historia continúa —dijo con la ansiedad de un pequeño que está compartiendo algo valioso con sus amigos—...

Mientras el entrenador hablaba, pude inferir el segundo *valor* de un líder, y ya no me disculpé con mi interlocutor, pues él se había acostumbrado a conversar mientras yo anotaba. Escribí en mi libreta:

2. El valor de la verdad

   Es decir, la búsqueda de lo cierto, de lo real. Aquello que permite al individuo tener mayor conocimiento y lo faculta para tomar mejores decisiones.

—Es increíble, señor Felguérez —expresé asombrado—, algo había escuchado al respecto de esta admirable mujer, pero jamás me imaginé que fuera tan crudo.

—En efecto —respondió—, solo los grandes seres pueden enfrentar las crisis más severas y salir airosos de ellas sin perder jamás la capacidad de vivir plenamente cada instante...

Aunque me encontraba boquiabierto con lo que estaba escuchando, intuí lo que sin duda me pareció el tercer *valor* de un líder y procedí a anotarlo:

3. *El valor de la belleza*
   Es la búsqueda de lo agradable a los sentidos, aquello que le permite al individuo apreciar y disfrutar de lo que le rodea.

—¡Qué interesante, señor Felguérez!

Mi intriga iba en aumento. El entrenador continuó narrando con lujo de detalle la inusual generosidad de la dama...

Y para mí estaba más que claro el cuarto *valor* de un líder:

4. *El valor de la bondad*
   Es la búsqueda del bien, aquello que le permite al individuo dar lo mejor de sí mismo en beneficio de los demás.

—Me estoy dando cuenta —expresé—, que conforme avanza el camino de los *valores*, cada uno de ellos se vuelve más sublime. Por favor, continúe con la historia.

Felguérez necesitó de casi una hora más para compartirme el excepcional desenlace de la vida de la protagonista del relato, finalizando con una impecable descripción de un pasaje fuera de lo común...

Sin duda esa emotiva escena reflejaba el *valor* más grande de cualquier líder. Tardé un poco en redactarlo:

5. *El valor de lo eterno*

Es la búsqueda de lo inmortal, aquello que permite al individuo adquirir conciencia de su limitación espacio-temporal, reconocer su estatura real dentro del universo y, al mismo tiempo, buscar su propio perfeccionamiento para tratar de alcanzar la verdad, la belleza y la bondad absolutas.

—¡Caray, señor Felguérez! —exclamé suspirando cuando terminé de escribir—. ¿Qué puedo decir después de haber escuchado esta increíble semblanza?

—No diga nada doctor Miravalle —su mirada serena se cruzó con la mía—, solamente trate de vivirlo a plenitud como ella.

ACTIVIDAD

Ya comentamos respecto a la diferencia que existe entre el liderazgo «técnicamente» correcto y el liderazgo integral. Pues bien, de los quince principios básicos de liderazgo que contiene el modelo de liderazgo integral C3, doce de ellos pueden ser cumplidos a la perfección por cualquier líder «técnicamente» capaz, pero hay tres PBL que marcan la diferencia cualitativa con un líder integral: los valores, las virtudes y la visión (hay que notar que los tres comienzan con «v»).

Y que no se me malinterprete; no he dicho que ser un líder «técnicamente» capaz sea sencillo, al contrario, reconozco que a lo largo de la historia muchos de los grandes personajes extraordinarios de liderazgo mundial han sido unos excelentes dirigentes «técnicamente» capaces.

El meollo del asunto radica en que lo «técnicamente» correcto es cualitativamente inferior a las más elevadas aspiraciones humanas.

Por lo pronto, el análisis de los valores del líder comenzará a darnos luz en este camino.

Ten presente que los valores del líder son cinco: *la practicidad, la verdad, la bondad, la belleza* **y** *la eternidad,* **y que tú puedes ser un mejor líder si reflexionas sobre lo siguiente:**

— ¿Eres lo suficientemente disciplinado para enfocar tu atención una vez que te has fijado una meta?

— Si no lo eres, no solo tendrás problemas en alcanzar tus metas, sino que serás poco efectivo al tratar de dirigir a tu equipo para que consiga las suyas. Haz un esfuerzo para fijar tus prioridades y concéntrate en trabajar de manera dedicada en las primeras hasta que las termines.

— ¿Tienes por costumbre investigar por tu cuenta, de manera que logres integrar una mayor información para tomar mejores decisiones?

— Si no la tienes, entonces estás decidiendo exclusivamente por lo que otros te dicen, te estás perdiendo la oportunidad de complementar el conocimiento del caso y, tarde o temprano, lo pagarás en una decisión inapropiada.

— ¿Es la estética algo que tenga un significado profundo para ti?

— Si no lo es, estás dejando de disfrutar mientras vives. Tal vez eres pragmático y persigues la verdad por conveniencia, pero si no aprendes a apreciar la belleza de las cosas, jamás alcanzarás la plenitud humana.

— ¿Es la ética algo que tenga un significado profundo para ti?

— Si no lo es, tu capacidad de tomar decisiones y realizar acciones que busquen el beneficio colectivo es muy pobre. Toma en cuenta que las mejores decisiones se toman teniendo en mente a los demás. Si ya tienes hijos, estarás de acuerdo conmigo en que la vida adquiere una nueva dimensión y sabrás de qué te hablo.

— ¿Te reconoces como un ser limitado, pero al mismo tiempo aspiras a tu propio perfeccionamiento?

— Entonces vas en el camino correcto y los retos te ayudarán en tu proceso de crecimiento humano.

15

LAS VIRTUDES

A ntes de cualquier otra cosa, al día siguiente revisé mi correo electrónico. Al fin había llegado un mensaje de mi esposa en el que mostraba su enorme preocupación por el último atentado al helicóptero de la televisión francesa perpetrado en *Chamrousse*. Me escribió que visitó en el hospital al doctor Osborne, que le había contado con detalle el peligro real en el que estuve envuelto, así como mi heroísmo al salvar a una persona. Ella ignoraba todo eso puesto que, según me decía, a través de las noticias únicamente se había enterado de las cuestiones generales, sin imaginarse siquiera que yo me encontraba a solo unos metros de los acontecimientos. Su correo terminaba con un reconfortante «te amo y estoy orgullosa de ti».

Redacté una breve pero cariñosa contestación para ella y mis hijos, y la envié de inmediato.

El segundo mensaje que tenía en mi correo me provocó un terrible dolor de cabeza.

¡Oh Pau! ¡Oh Pau!
Principio y fin de la subida,
Bajo tu techo quedará detenida,
La palabra del *tour*, ¡Oh Pau!

¡No era posible una nueva amenaza!

¿Qué era exactamente lo que querían conseguir? ¿Acaso no tenían suficiente con lo que ya habían hecho? Sin duda no habría tregua hasta que finalizara el *tour*.

Traté en vano de retirar de mi mente al menos por un momento el tema del terrorismo y procedí a leer mi tercer y último mensaje.

Feu Tamayo:
> Seguramente ya se dio cuenta de que nuevamente estamos en dificultades.
>
> Los escuadrones internacionales antiterrorismo no han podido dar con la fuente de los mensajes de amenaza, ni con los autores materiales de los hechos, y también se desconoce su verdadero propósito. ¿Se le ocurre alguna idea al respecto? Necesitamos pensar más profundo y más rápido que ellos. La vez anterior solo acertamos a que sería un blanco aéreo, pero no fue en la noche, ni cerca del aeropuerto. ¿Qué deduce del nuevo verso?
>
> Espero sus comentarios.
>
> Spirale Calder

Tenía razón *Spirale Calder*. Al menos yo, en mi razonamiento sobre el verso anterior, había asumido que los aviones eran un blanco más vulnerable y ambicioso pues, con toda seguridad, derribar uno hubiera causado más estragos de los que produjo el helicóptero, aunque si este hubiera caído sobre las tribunas, habría sido desastroso. ¿Podría haber sido un error de cálculo?

De repente asocié los tres atentados, lo que me generó una idea reveladora. En cualquiera de los eventos habría resultado más sencillo y más espectacular llevar a cabo un ataque a objetivos más visibles o más colmados de personas, sin embargo, no fue así. ¿Por qué estarían operando de esa manera?

La desaparición del doctor Maurice Gerard en *Saint-Omer* prácticamente pasó inadvertida y, desde mi punto de vista, hubiera sido igual de difícil secuestrar a alguno de los directivos del evento o de los competidores famosos.

La explosión del autobús en *Verdun*, si bien causó un mayor destrozo, podía haber sido mucho más grave si se hubiera producido en el mismo sitio cuando menos una hora antes, en el momento en que el centro de la ciudad estaba abarrotado de gente que presenciaba la salida individual de los ciclistas.

Por último, el estallido del helicóptero en *Chamrousse*, aunque fue más espectacular que la explosión en *Verdun*, hizo mucho menos daño de lo que hubiera hecho la explosión de uno de los aviones. A menos que, como ya lo había considerado, hubiera sido un error de cálculo el que evitó que se desplomara sobre las tribunas.

No me parecía lógico el supuesto del error de cálculo. Estaba seguro de que nos encontrábamos frente a una organización profesional que difícilmente cometería ese tipo de fallas.

Solo hallé un denominador común a los tres atentados: no se trataba de las víctimas, sino de aquellos que en ninguno de los tres eventos corrieron peligro: los ciclistas.

¿Acaso el autor intelectual de los actos terroristas tendría algún interés en que los pedalistas permanecieran ilesos?

Si este fuera el caso, ¿su interés provendría de tener algún tipo de relación con algún equipo o algunos corredores?

¿Se trataría acaso de alguna poderosa empresa que, habiendo quedado fuera del patrocinio oficial del *tour,* solo estaba auspiciando a un equipo y con los actos demostraba su descontento?

¿O del patrocinador resentido de algún equipo de ciclismo que no había sido invitado a la competencia?

¿Podría ser obra de algún medio televisivo que buscaba, y sin duda lo había conseguido a partir de *Verdun,* elevar sustancialmente el rating de audiencia remota de la competencia?

¿O incluso se trataba de los mismos organizadores del evento que, por un lado dejaban que siguiera adelante el espectáculo, mientras que por el otro recaudaban una mayor cantidad de ingresos por los derechos de transmisión?

¿O sencillamente era un grupo terrorista aficionado al ciclismo que no quería dañar a sus ídolos?

Le envié todas mis conjeturas a *Spirale Calder*, por supuesto, con copia para *Soleil Miró*, agregando que en esta ocasión el verso me hacía concluir que el atentado se llevaría a cabo en un local cerrado y que su objetivo principal serían los reporteros especializados.

Salí corriendo de la sala de prensa y me dirigí al auto del equipo. No podía perderme la última etapa de montaña. Comencé a grabar.

Para la decimocuarta etapa, los corredores toman la salida a la una en punto en la ciudad de Tarbes, *capital del departamento de los Altos Pirineos, rumbo a la meta ubicada en la estación turística invernal* Luz-Ardiden. *Son 144 kilómetros en los que se disputarán seis puertos de montaña, los últimos dos de ellos de dificultad HC.*

Como en los dos días anteriores, nos encontramos muy cerca de la frontera con España, por lo que de nuevo las carreteras, especialmente en los tramos de subida, se encuentran atestadas de aficionados españoles que desean ver ganar a uno de los suyos.

Han estado muy cerca, pero todavía no lo consiguen. En la doceava etapa, ganada por el colombiano Cárdenas de Kelme, habían entrado dos españoles dentro de los cinco primeros. Mientras que en la treceava, ganada por el estadounidense Armstrong de Postal, también, entre los primeros cinco, habían llegado otros dos españoles. Esperan mejor suerte para hoy.

Primera meta de montaña (kilómetro veintiuno): Côte de Haut-de-la-Côte. *Llega escapado un corredor alemán, después pasa un ciclista italiano y segundos más tarde el pelotón encabezado por un pedalista francés.*

Segunda meta de montaña (kilómetro treinta y cinco): Côte de Mauvezin. *A la cima llegan ocho hombres fugados. El primero en pasar es francés, el segundo holandés y el tercero kazako. El pelotón pasa con un retraso de quince segundos.*

Tercera meta de montaña (kilómetro treinta y siete): Côte de Capvern-les-Bains. *Pasan a la cabeza tres escapados, el primero francés, el segundo suizo y el tercero italiano. El pelotón arriba veinte segundos después.*

Cuarta meta de montaña (kilómetro ochenta): Col d'Aspin. *Hay diez corredores en fuga. El primero en pasar por la cima es un estadounidense y le siguen dos franceses, cuatro minutos después llega el pelotón.*

Quinta meta de montaña (kilómetro 110): Col du Tourmalet. *Se trata de un puerto de dificultad HC y el más elevado de todo el* tour *con 2,215 metros de altitud. Arriban a lo más alto cuatro corredores escapados: primero un suizo, segundo un italiano, tercero un francés y cuarto un belga. Lo que queda del pelotón son diez hombres que pasan con un minuto de retraso. En ese grupo van los favoritos Armstrong de Postal, Ullrich de Telekom y Beloki de ONCE, también va Sevilla de Kelme.*

Después de cinco puertos de montaña, la afición española se encuentra un tanto decepcionada ya que ningún ciclista español ha pasado siquiera entre los tres primeros lugares de cada cima. Además, es muy notorio que todos los que han llegado en esos tres lugares son corredores que hasta la fecha han tenido una actuación muy discreta.

Sexto puerto de montaña y meta final (kilómetro 144): Luz-Ardiden, *la última cima de dificultad HC de este* tour. *Al iniciar el ascenso, cuando faltan trece kilómetros, van tres hombres a la cabeza: un belga, un italiano y un francés, a veinte segundos va un suizo, un poco más atrás otro francés y a más de un minuto se encuentra el grupo de diez.*

Diez kilómetros: por fin un corredor español se decide y se separa del pequeño pelotón de diez. Se trata de Laiseka de Euskatel, la afición lo impulsa a más no poder.

Nueve kilómetros: Laiseka rebasa al francés y al suizo y se ubica en cuarto lugar atrás de los tres punteros.

Ocho kilómetros: Laiseka alcanza al belga y al francés de la fuga. Únicamente el italiano va al frente.

Siete kilómetros: Laiseka pasa junto al italiano que, por más que lo intenta, no logra seguir el ritmo de su rival. ¡La afición española está muy entusiasmada!

Seis kilómetros: Laiseka aventaja en más de un minuto al grupo de favoritos que comienza a perder hombres.

Cinco kilómetros: Laiseka está al frente realizando un esfuerzo enorme, el italiano enseguida y el grupo, ya solamente de ocho corredores, a un minuto.

Cuatro kilómetros: Laiseka comienza a acelerar y el italiano a perder terreno. El grupo perseguidor ya solo tiene cinco hombres: Armstrong, Ullrich, Beloki, Sevilla y otro corredor de Postal.

Tres kilómetros: Laiseka sigue ganando ventaja al italiano y la gente corre a su lado animándolo. Más atrás vienen con todo los tres perseguidores que quedan: Armstrong, Ullrich y el otro de Postal.

Dos kilómetros: Laiseka, por increíble que parezca, continúa acelerando, los aficionados ya no pueden ir a su lado porque el camino está protegido con vallas, pero no cesan de gritarle.

Un kilómetro: Laiseka tiene una ventaja definitiva sobre el italiano y sobre los dos grandes que han quedado solos frente a frente: Ullrich y Armstrong.

El español Laiseka, de Euskatel, se impone en solitario dejando en segundo lugar al italiano, en tercero a Ullrich y en cuarto a Armstrong. Un gran detalle deportivo ocurre cuando, al cruzar la meta, el alemán y el estadounidense rivales declarados, lo hacen tomados de la mano gallardamente. Por su parte, los espectadores españoles están felices. ¡Por fin ganan una etapa de este tour!

Armstrong, de Postal, conservó la camiseta amarilla de líder con más de cinco minutos de ventaja sobre su eterno perseguidor Ullrich de Telekom. Sevilla también conservó la camiseta blanca de líder juvenil y Kelme continuó al frente de la clasificación general por equipos aventajando en más de nueve minutos al equipo español ONCE.

Al final de la etapa, durante el traslado a la ciudad de *Pau* en la que pernoctaríamos, pedí a Felguérez su opinión respecto del triunfo de Laiseka que, al iniciar el recorrido de hoy, se encontraba a casi una hora de distancia del líder Lance Armstrong.

—Mire, doctor Miravalle —me respondió—, Laiseka, así como todos los poco conocidos ciclistas que el día de hoy llegaron en los primeros lugares a los puertos de montaña, y la mayor parte de los 189 corredores que iniciaron la competencia pertenecen a un grupo muy especial. Déjeme explicarle. Desde mi punto de vista, en este mundo hay dos tipos de historia: la macrohistoria y la microhistoria. La primera es protagonizada por los grandes sucesos y los grandes individuos que, cuando aparecen, son registrados en los libros, su información se difunde ampliamente y se vuelve del dominio público. Por su parte, la microhistoria está compuesta por sucesos e individuos que forman parte de la vida cotidiana y, como su información rara vez se difunde, tiende a permanecer en lo privado. Lo importante es que ambas historias son necesarias y es impensable una sin la existencia de la otra.

Lo miré con una mezcla de atención y asombro y, con un gesto le di pie para que siguiera adelante.

—Le pongo un ejemplo —continuó explicando—. A lo largo de la vida del *tour*, la macrohistoria la han escrito un puñado de individuos que se han vuelto inmortales: Anquetil, Merckx, Hinault, Indurain y Armstrong, por mencionar algunos. En su momento, todos ellos han ocupado el podio y las primeras planas de los diarios deportivos del mundo; se han convertido para el ciclismo en lo que Osborne llama «personajes extraordinarios de liderazgo mundial». Pero eso es solo una fracción del tema. La microhistoria del *tour* ha sido escrita por incontables individuos: miles de corredores que, sin haber ocupado nunca los primeros sitios, con cada uno de sus pedalazos han contribuido a la competencia. Decenas de miles de personas de apoyo, organización e información que, con su esfuerzo y profesionalismo, les han brindado respaldo a los ciclistas, han dado forma al evento y se han encargado de comunicarle a todo el mundo. Cientos de millares de fanáticos, que con cada gesto, con cada grito, con cada pinta y con cada bandera mostrada a lo largo de las calles y carreteras, han animado a los corredores y al ambiente de la competencia. Y los millones y millones de aficionados que, sin tener la oportunidad de estar presentes, han seguido este evento por muchos años a través de los medios —hizo una pausa y me miró fijamente—. ¿Se da cuenta doctor Miravalle de lo importante e indispensable que resulta ese grupo tan especial del que le hablo y que pertenece a la microhistoria, sin el cual no podría escribirse la macrohistoria del *Tour de France*?

—Por supuesto, señor Felguérez —asentí—, es muy interesante la manera en que lo plantea.

Llegamos a la ciudad de *Pau* que se encontraba fuertemente custodiada, pues las medidas de seguridad en los hoteles sede y las instalaciones cerradas eran extremas. Los únicos que podíamos tener acceso éramos los miembros acreditados del *tour*. Felguérez y yo nos dijimos un hasta luego.

El resto de esa tarde estuve reflexionando sobre las palabras de Felguérez y de pronto, al observarlo durante la cena, hice conciencia de algo que podía ser visto como lo más lógico del mundo: Felguérez era uno de esos «muchos personajes ordinarios de liderazgo local» de los que había hablado con el doctor Osborne, que al mismo tiempo son los protagonistas de la microhistoria. Sería muy útil recabar más testimonios sobre él y ¿quiénes mejor que los integrantes de su equipo para proporcionármelos?

El día siguiente fue de descanso y, debido al fuerte dispositivo de seguridad desplegado, era prácticamente imposible salir de las instalaciones sede, por lo que pude charlar, aunque fuera brevemente, con cada uno de los siete ciclistas de Kelme que seguían en la competencia, así como con la mayoría de los integrantes del equipo de apoyo. Todos, con diferentes expresiones y en sus propias palabras, me aseguraron que Felguérez era un gran líder y, sin considerar los diversos términos utilizados, la conclusión fue que, además, se trataba de un hombre *virtuoso*. Poco a poco fui dando forma al material que llamé:

VIRTUDES DEL LÍDER

Una *virtud* es un hábito adquirido que facilita la buena conducta en el campo moral. Debe observarse una continuidad ya que un solo acto moral no forma *virtud*. Todas las *virtudes* que puedan ser enunciadas se reducen a cuatro que son conocidas como *virtudes* cardinales.

1. La templanza
    Se refiere al hábito que hace posible un uso sobrio de los bienes agradables. En palabras de Demócrito: «La fortuna nos procura la mesa suntuosa, la templanza la mesa en la que nada falta».[1]
    Algunos definieron a Felguérez como moderado, otros como parco o mesurado, el caso es que esta *virtud* forma parte de sus cualidades.

2. La fortaleza

Consiste en el hábito positivo sobre lo que se debe y lo que no se debe temer al momento de tratar de conseguir bienes difíciles de alcanzar. En palabras de Aristóteles: «El justo medio entre el miedo y la temeridad».[2]

En este aspecto los calificativos para Felguérez fueron variados: entero, aguantador, firme, sólido, perseverante, robusto y recio.

3. La prudencia

Se trata del hábito de discernimiento del bien y de los medios para llevarlo a cabo. En palabras de Aristóteles: «El hábito que concierne a lo que es bueno o malo para el hombre».

Esta **virtud** también la tiene Felguérez, ya que lo juzgaron como: cauto, juicioso, ecuánime, maduro, sensato, precavido y equilibrado.

4. La justicia

Es el hábito de dar a cada quien lo que le corresponde. En palabras de Aristóteles: «es la virtud completa y perfecta; completa por comprender a todas las demás y perfecta porque el que la posee puede servirse de ella no solo en relación consigo mismo, sino también en relación con los demás».

De Felguérez se dijo que era cabal, recto, razonable, imparcial, equitativo, correcto, íntegro y honesto, en resumen: justo.

En verdad el tema de las **virtudes** es fascinante y, contra lo que comúnmente se piensa, no está reservado únicamente para ciertos elegidos pues, al igual que el resto de los principios, las **virtudes** están al alcance de quien se proponga la tarea de adquirir hábitos positivos. Felguérez es un ejemplo de ello: uno de los muchos personajes ordinarios de liderazgo local, protagonistas de la microhistoria, que nuestra generación necesita con urgencia.

Al final de la cena de ese día, y sin que Felguérez conociera el trabajo que había emprendido, le pregunté:

—Desde su punto de vista, ¿cuál es la cualidad más importante que debe tener un líder?

A pesar de haberlo tomado un poco desprevenido, no tardó mucho en contestarme con seguridad.

—Sin duda alguna la congruencia.

Su respuesta no hizo sino confirmarme que tenía el privilegio de encontrarme frente a un hombre *virtuoso*. El doctor Osborne se había quedado corto en los calificativos sobre Felguérez.

Me despedí de todos y acudí a la sala de prensa para enviar mis conclusiones y ver si tenía nuevas noticias de *Spirale Calder*. Como era día de descanso, la sala estaba repleta de gente, con algunos reporteros trabajando arduamente en sus notas, mientras que otros aprovechaban la tregua del evento para navegar por Internet y, por supuesto, también había quienes se dedicaban a perfeccionar sus habilidades en los juegos de computadora.

Después de un rato de esperar mi turno, al fin pude conseguir una máquina libre y enviar mi trabajo.

No había recibido ningún mensaje... no hasta que llegó una advertencia estremecedora.

Jamás imaginé lo que estaba por suceder.

ACTIVIDAD

En esta oportunidad reflexionaremos sobre el tema de las virtudes, que es el segundo de los tres principios básicos de liderazgo que marcan la diferencia cualitativa entre un líder «técnicamente» bueno y uno integral.

A lo que bien manifiesta la cultura popular en el sentido de que nadie es capaz de dar lo que no posee, yo le agregaría que nadie es capaz de conducir a un equipo, si no es capaz de conducirse a sí mismo. De esta manera, si tomamos en consideración que una virtud es un hábito adquirido que facilita la buena conducta en el campo moral, podemos fácilmente percatarnos de que se trata de un elemento indispensable para la correcta conducción personal y, por ende, de un aspecto insustituible para llevar a cabo el ejercicio del liderazgo integral.

Y si bien estoy de acuerdo en que no hay nada nuevo bajo el sol con relación a este tema, pues desde hace mucho se identificaron las cuatro virtudes cardinales, al mismo tiempo estoy convencido de que es fundamental recordar y, más importante aun, hacer un esfuerzo por practicar cotidianamente estos hábitos. Te pido que pienses por un momento en tu líder favorito.

La templanza

La primera virtud del líder integral es la templanza, que se refiere al hábito que hace posible un uso sobrio de los bienes agradables. El filósofo griego Demócrito, el último de los grandes presocráticos, afirmó lo siguiente: «la fortuna nos procura la mesa suntuosa, la templanza la mesa en la que nada falta».

¿Después de analizar por un momento la actuación de tu líder preferido podrías definirlo como moderado o parco?

Sin duda la mesura es la primera de las virtudes indispensables para todo aquel que desee convertirse en líder integral. Mucho se ha dicho que el ejercicio del poder corrompe a las personas, sin embargo, esto depende del tipo de individuos de quienes estemos hablando. Lo más correcto sería establecer que el poder, al igual que el dinero o la fama, no cambia a las personas, únicamente magnifica aquello que ya eran.

De esta forma, si tu líder favorito es el Dalai Lama, la Madre Teresa de Calcuta, Mahatma Ghandi o Florencia Nightingale, sin duda se trata de un excelente modelo a seguir en materia de sobriedad.

La fortaleza

La segunda virtud del líder integral es la fortaleza, que consiste en el hábito positivo en cuanto a lo que se debe y lo que no se debe temer al momento de tratar de conseguir bienes difíciles de alcanzar. El filósofo griego Aristóteles, el más famoso discípulo de Platón, dijo al respecto: «el justo medio entre el miedo y la temeridad».

¿Podrías definir a tu líder preferido como firme, sólido, perseverante o recio?

La segunda virtud indispensable para el líder integral tiene que ver con la capacidad de mantener la entereza en todo tipo de situaciones. Es justamente en las dificultades cuando se puede conocer que tan resistente es una persona, puesto que la diferencia cualitativa que separa a los pequeños de los grandes, no se encuentra en las circunstancias externas, sino en la manera en la que los individuos las comprenden y las afrontan.

Por lo tanto, si tu líder favorito es Nelson Mandela, la Princesa Diana, Lech Walesa o Jacqueline Kennedy, tienes un excelente modelo a seguir en el tema de la robustez.

La prudencia

La tercera virtud del líder integral es la prudencia, que trata del hábito de discernimiento del bien y de los medios para llevarlo a cabo. En palabras de Aristóteles: el hábito que concierne a lo que es bueno o malo para el hombre.

¿Después de analizar por un momento la actuación de tu líder preferido podrías definirlo como cuerdo, ecuánime, moderado o equilibrado?

La sensatez es la tercera de las virtudes que debe cultivar un líder integral. La claridad de juicio y la cautela que debe matizar al ímpetu del temperamento son fundamentales para garantizar una efectiva actuación al frente de un grupo de personas.

De manera que, si tu líder favorito es Juan Pablo II, la Reina Isabel de Inglaterra, Mikhail Gorbachev o Golda Meir, sin duda se trata de un excelente modelo a seguir en materia de madurez.

La justicia

La cuarta virtud del líder integral es la justicia, que es el hábito de dar a cada quien lo que le corresponde. En palabras de Aristóteles: es la virtud completa y perfecta; completa por comprender a todas las demás y perfecta porque el que la posee puede servirse de ella no solo en relación consigo mismo, sino también en relación con los demás».

¿Podrías definir a tu líder preferido como cabal, recto, razonable, correcto u honesto?

La cuarta de las virtudes cardinales nos invita a ser íntegros e imparciales con nosotros mismos y con quienes nos rodean. En el caso de quien ejerce el liderazgo, este es un atributo que le garantizará el respeto permanente por parte de sus subordinados.

De modo que, si tu líder favorito es Yitzhak Rabin, Margaret Thatcher, Martín Luther King o Eva Perón, tienes un excelente modelo a seguir en el tema de la equidad.

Ten presente que las virtudes del líder son cuatro: *la templanza, la fortaleza, la prudencia* **y** *la justicia,* **y que tú puedes ser un mejor líder si reflexionas sobre lo siguiente:**

— ¿Es la sobriedad un rasgo que te caracteriza?

— Si no lo es, necesitas trabajar arduamente en este hábito, pues de otra manera el poder que te confiere tu liderazgo te puede conducir a excesos perjudiciales para ti y tu equipo.

— ¿Son capaces las personas que han compartido contigo situaciones difíciles de confirmar tu robustez y tu perseverancia?

— Si cuentas con esta cualidad sin duda tienes una buena parte del camino ganado, ya que la fortaleza es uno de los atributos del líder que son más apreciados por los integrantes de un equipo.

— ¿Crees que tu equipo podría afirmar que eres una persona madura y ecuánime?

— Si tienes dudas a este respecto significa que seguramente has dejado la prudencia de lado en más de una ocasión, por lo que te recomiendo que, a partir de ahora, hagas un esfuerzo por mantener a esta virtud siempre junto a ti; verás los resultados en corto tiempo.

— ¿Estás seguro de que tus colaboradores te consideran una persona equitativa y recta?

— Como ya lo mencionamos, la justicia es considerada como la virtud completa y perfecta, de modo que tu capacidad para tratar con equidad a los integrantes de tu equipo será una de las mejores armas con las que cuentes en el ejercicio de tu liderazgo, al mismo tiempo que su ausencia te será implacablemente perjudicial.

16

EL PENSAMIENTO

Súbitamente la sala de prensa fue invadida por un grupo de sujetos encapuchados fuertemente armados.

—¡Nadie se mueva de su lugar! —advirtió uno de ellos—. ¡El que intente algo se muere!

Rápidamente los encapuchados se ubicaron a lo largo del perímetro de la sala, cerraron las dos puertas de acceso y aseguraron las ventanas y las salidas de emergencia.

Todos los cronistas que ahí nos encontrábamos nos quedamos paralizados en espera de la siguiente orden del grupo recién llegado. El sujeto que había gritado las advertencias parecía ser el jefe del comando. Tomó su radiotransmisor y dijo:

—Todo bajo control. La sala está llena. Hay pocas mujeres. Siguiente paso.

Unos segundos después, los monitores de televisión perdieron su señal original y, con una imagen llena de interferencia, comenzó una comunicación remota.

Caballeros:

Lamento mucho que hayamos interrumpido sus actividades de manera tan brusca, pero no se nos ocurrió una mejor forma en la que estuvieran dispuestos a colaborar con nosotros.

A pesar de que la transmisión de la imagen era en blanco y negro y constantemente se distorsionaba, el sonido era nítido y se distinguía claramente una voz masculina que, con un extraño acento, prosiguió lentamente con su alocución.

El trabajo es muy sencillo y los hemos elegido porque hasta ahora han demostrado amplia capacidad en su labor periodística.

Con mucha diligencia, se han encargado de informar a sus respectivos medios de los pormenores del evento, y ellos, a su vez, han sido receptivos y han difundido la información.

No deseamos que esto se interrumpa. Sería una lástima para millones de aficionados perder repentinamente el seguimiento de una competencia tan emocionante.

Pero no se preocupen, continuarán haciendo su labor desde esa magnífica sala. Podrán seguir la competencia en vivo a través de los monitores de la televisión abierta y de paga que están instalados, además de que podrán escuchar las transmisiones por la radio en los aparatos receptores que ahí mismo tienen y, por si fuera poco, a través de los equipos de cómputo no se perderán un solo detalle de la crónica por Internet. ¡Ah! Casi lo olvido. Diariamente y con toda puntualidad tendrán a su disposición las ediciones de los principales rotativos del mundo.

¿Qué más pueden pedir?

¿Comida? Les garantizamos tres alimentos diarios nutricionalmente balanceados.

¿Bebida? Lo sentimos. Nada de alcohol, no queremos problemas ni necedades, pero podrán beber toda el agua natural que quieran.

¿Baño? La sala cuenta con los servicios básicos. Es verdad que no hay regaderas, pero vamos, están en Francia y dispondrán de un lote con las mejores fragancias de ese país.

¿Hospedaje? No tendrán que pagar un solo euro por su estancia en la sala de prensa. Eso corre por nuestra cuenta, pero nos van a disculpar, no nos entregaron a tiempo las camas extragrandes con soporte anatómico que solicitamos, por lo que únicamente dispondrán de bolsas de dormir. Como podrán darse cuenta, hay suficiente suelo para todos.

¿Sexo? Ni lo piensen. Al final de este mensaje nos llevaremos a las pocas damas que hay en la sala y cualquier tipo de intimidad entre varones es severamente castigada por nuestra doctrina.

Un último gran inconveniente. No tendrán a su disposición varios servicios, como el de lavandería, aseo de calzado, SPA y visitas guiadas a la ciudad. Les rogamos su comprensión, pero la contratación de estas facilidades estaba por encima de nuestro presupuesto.

¿Qué deberán hacer a cambio de todo lo anterior?

Ya lo hemos dicho: tienen que seguir informando a sus respectivos medios de los pormenores del evento. La comunicación continuará como hasta ahora y, gracias a las facilidades tecnológicas con las que cuentan, el público no se enterará de que sus cronistas consentidos estarán enclaustrados durante algún tiempo.

Pero hay algo más.

Deben informar de inmediato a sus medios que su situación actual es responsabilidad de la Secta Apocalíptica Vida Nueva. Y, a su vez, dichos medios deberán comunicárselo a los gobiernos de sus respectivos países, sin mencionar una sola palabra de esto al público.

Insistimos, la gente no tiene por qué quedarse sin disfrutar de la competencia, pues no es responsable de la torpeza con que varios países vienen actuando en contra nuestra.

Hace ya mucho tiempo que el Consejo de Seguridad de las Naciones Unidas debió haber escuchado nuestra voz y dejarnos en paz, pero se ha empeñado en hacer todo lo contrario y nos ha atacado con más fuerza que nunca. ¡Ha llegado la hora de marcarle un alto definitivo!

Sobra decir que los cinco miembros permanentes del Consejo de Seguridad de la ONU: China, Estados Unidos, Francia, Reino Unido y Rusia, saben que los tres atentados anteriores fueron obra de nuestra secta. Ellos tienen en su poder nuestras demandas y, a pesar de lo que ha sucedido, no han tomado cartas en el asunto.

Nuestra paciencia se ha agotado y ahora todos los gobiernos del mundo deben conocer de nuestra existencia y presionar para que el Consejo de Seguridad se deje de inútiles juegos diplomáticos y respete nuestro derecho a gozar de lo que nos pertenece.

¿Qué tienen que ver ustedes en todo esto?

Realmente muy poco, pero comprendan que no podíamos dejar pasar la ocasión de hacernos presentes en el evento con más audiencia mundial de este año. Además, tenemos la inigualable oportunidad de poner en aprietos al gobierno francés en su propio territorio, obligándolo a que reconsidere su postura y retire su apoyo incondicional a los países responsables de la agresión en nuestra contra.

Solo les pedimos que confíen en que cualquier gota de sangre que se pudiera derramar debido a la terquedad de los miembros permanentes del Consejo de Seguridad, bien valdrá la pena porque finalmente pretendemos un mejor mundo para todos, lleno de la Vida Nueva a la que todos estamos llamados.

Las reglas del juego son muy simples:

Una vez que ustedes hayan cumplido con su parte de informar a sus respectivos medios, solo resta esperar que ellos hagan la suya y el Consejo de Seguridad nos dé una respuesta favorable.

En caso de que la respuesta que esperamos no llegue, en cada una de las etapas que faltan, alguno de ustedes será ejecutado. Si el *tour* finaliza y todavía no tenemos respuesta, haremos estallar la sala de prensa completa.

Si a alguna autoridad se le ocurre la brillante idea de cortar las comunicaciones de la sala de prensa: televisión, radio, Internet, teléfonos o faxes, inmediatamente volaremos el local.

Y, por favor, no traten de hacerle al héroe tramando algo a nuestras espaldas, pues tenemos todo intervenido y cualquier acción sospechosa les costará la vida.

Espero que no tengan dudas. Seguramente no nos volveremos a ver hasta que impere la Vida Nueva. Sigan desarrollando su trabajo cotidiano, pero no olviden esto: nuestra secta *siempre* cumple sus amenazas.

Terminó la insólita transmisión y todo quedó en silencio.

El jefe del comando ordenó a las mujeres tomar sus pertenencias, ponerse de pie y dirigirse de manera ordenada hacia una de las puertas de la sala de prensa. Una vez que estuvieron listas, abrieron la puerta.

En ese breve intervalo pude darme cuenta de que afuera de la sala también había numerosos miembros armados del comando que nos tenía secuestrados.

Cuando cerraron la puerta, el jefe del comando nos informó que debía hacer una relación de todos los presentes, por lo que nos ordenó que nos acercáramos uno por uno al escritorio en el que se había instalado.

En mi turno anoté mi nombre y nacionalidad en el renglón número ochenta y siete de la lista. Según mis cálculos, éramos más de 130 cronistas y prácticamente había de todos los países. No cabe duda, nuestros captores sabían perfectamente lo que estaban haciendo.

Terminado el trámite de integrar la lista de los presentes, el jefe del comando nos dio la instrucción de seguir trabajando normalmente y, aquellos que ya quisieran descansar, fueran a solicitarle una bolsa de dormir. Todos hicimos un infructuoso esfuerzo por comportarnos con soltura y, llenos de temor, continuamos con nuestras actividades. De inmediato redacté un mensaje urgente para *Spirale Calder* y *Soleil Miró*. Decidí no informar por el momento a mi esposa. No tuve ánimo para más y fui por mi bolsa de dormir.

Al día siguiente, tal como se había prometido, nos ofrecieron un buen desayuno y después tratamos de iniciar con naturalidad nuestra rutina informativa. Revisé mi correo.

Spirale Calder me informaba que había negociaciones al más alto nivel internacional y me pedía paciencia para soportar el encierro.

El doctor Osborne me dijo que, luego de que se resolvieran los problemas de comunicación del hospital, me enviaría una nota en tres partes.

La angustia iba en aumento conforme se acercaba la hora del arranque de la etapa, programada para las once de la mañana. Un poco antes, la televisión francesa dio inicio a su transmisión en vivo mostrando un mapa de la competencia.

Los 232 kilómetros entre *Pau*, capital de los Pirineos Atlánticos y ciudad que más veces ha recibido a los corredores del *tour* después de París y Burdeos, y *Lavaur*, pequeña población cercana a *Toulouse*, que por primera vez verá llegar a los ciclistas, constituyen el recorrido de la *decimoquinta etapa*, la de mayor kilometraje de la competencia, casi totalmente plano.

La etapa arrancó a las 11:17. Unos segundos después el jefe del comando llamó nuestra atención gritando.

—¡Número treinta y seis! ¡Duncan!

Un corresponsal canadiense levantó tímidamente la mano y enseguida dos miembros del comando lo aprisionaron por los brazos.

El reportero comenzó a gritar y a forcejear con sus captores; otro cronista a su lado trató de evitar que se lo llevaran.

—¡Quieto! —gritó el jefe del comando.

El cronista no hizo caso y lo único que consiguió fue un fuerte golpe con la pistola de otro miembro del comando. El periodista comenzó a sangrar profusamente por el pómulo derecho, mientras varios compañeros que se encontraban cerca se levantaron para asistirlo.

Al mismo tiempo, el reportero canadiense, que seguía gritando aterrado, fue entregado a los individuos de afuera. Se escuchó una detonación y los gritos cesaron.

Varios compañeros temblaban de miedo y lloraban sin consuelo.

—¡Sigan con su trabajo! —ordenó el jefe del comando.

Eso fue imposible. Al menos para mí.

La etapa ciclista de ese día concluyó sin novedades. Armstrong seguía de líder general y Kelme también.

Casi nadie pudo comer.

Por la noche pasó lo mismo, la cena se fue intacta.

Recibí un correo de *Spirale Calder* donde me decía que las negociaciones continuaban y que no se vislumbraba una solución fácil, ni rápida. Le contesté describiendo lo que había pasado aquel día. Enseguida llegó un mensaje del doctor Osborne.

Doctor Miravalle:

Entiendo que no se encuentra en las mejores circunstancias para seguir adelante con el trabajo que le he encomendado. A mí también me está costando lidiar con mi enfermedad, sin embargo le pido que hagamos un último esfuerzo; es nuestro deber terminarlo.

Dentro del marco organizador de nuestro proyecto, *el estilo, las habilidades, los valores y las virtudes,* son temas que corresponden al conjunto que denominamos *los principios relativos al contenido del líder.* Nos falta solo uno del que, por su complejidad y mi indisposición, le hablaré en tres partes: *el pensamiento.*

Además de ese, necesitamos definir un último principio integrador de todos los demás que, en adición a su carácter totalizador, nos brinde la oportunidad de diferenciar esencialmente al liderazgo que promueve el beneficio social, de aquel otro que, como usted lo está experimentando, promueve la violencia.

Ya estamos muy cerca del final y ambos debemos resistir. Comencemos.

REQUISITOS DEL PENSAMIENTO DEL LÍDER

El pensamiento es la actividad de la mente a través de la cual se logra el entendimiento de algo, por un medio distinto a la sensibilidad y a la práctica. En el caso del líder, esta actividad mental debe cumplir con tres requisitos.

1. *El pensamiento debe ser proactivo*

   Significa que el líder debe ser capaz de prever en sus decisiones y anticiparse con sus acciones a los eventos propios de su área de influencia. El pensamiento proactivo tiene lugar antes de que se presenten los problemas y genera soluciones adelantadas. Es cualitativamente superior al pensamiento activo, que se da al parejo de los problemas, y al pensamiento reactivo, que ocurre después de que se han presentado las dificultades.

   Si el líder utiliza un estilo de pensamiento activo puede ser que logre mantenerse en el «juego», pero le será difícil usar a su favor el factor sorpresa. Mientras que si el líder utiliza un estilo de pensamiento reactivo, más pronto que tarde se enfrentará con la realidad de que son otros quienes están marcando el ritmo del «juego» y, si alguno de ellos ejecuta un movimiento fuera de lo ordinario, es posible que su capacidad de reacción no alcance a manejarlo y quede fuera del «juego». El líder que no tenga pensamiento proactivo está limitado en el horizonte del tiempo en el que puede intervenir.

   Tome en cuenta que el uso coloquial de la palabra «juego», evoca el campo de acción en el que se desarrolle el liderazgo.

Cambiando de tema, debe saber que diariamente me comunico con su esposa para afinar los detalles del trabajo que estamos, como ya le dije hace un momento, muy cerca de terminar.

Si no tiene inconveniente, le propongo que no la angustie informándole de la difícil situación que está viviendo. Carecería de sentido hacer sufrir a más gente. Confío en que todo se va arreglar de manera favorable. Si no fuera así, le pido desde ahora me otorgue su anuencia para que el aviso de una posible desgracia le llegue a su familia por mi conducto.

Le envío un abrazo solidario.

Le respondí que contaba con mi anuencia.

Casi todos pasamos la noche en vela, sintiendo que las horas transcurrían muy lentamente.

El nuevo día llegó y nadie tenía noticias de un eventual progreso en las negociaciones, ni siquiera *Spirale Calder,* por lo que la incertidumbre nos consumía.

Ese día la etapa comenzaría a las 11:30 a.m., y nuevamente la angustia colectiva se hizo insoportable cuando comenzó la transmisión televisiva.

La *decimosexta etapa* con 227 kilómetros entre *Castelsarrasin,* uno de los centros ferroviarios más importantes de Francia, y *Sarran,* lugar de descanso preferido del presidente francés, es la segunda más larga del *tour* y tiene un trazado similar a la de ayer. Por lo mismo, los enfrentamientos continuarán llevándose a cabo, ahora de manera más visible y agresiva, debido a que el tiempo de competencia se está terminando y con él las oportunidades.

Esta vez la etapa arrancó a las 11:40 a.m.

—¡Número 112! ¡Ruanda! —vociferó el jefe del comando.

Se hizo un expectante silencio sepulcral.

El periodista sudafricano saltó de su asiento como impulsado por un resorte y comenzó a correr a todo lo largo de la sala de prensa perseguido por un par de miembros del comando que le gritaban que se detuviera. Ante la desobediencia de Ruanda, los miembros del comando desenfundaron sus armas y cortaron cartucho.

No hizo falta que dispararan, Ruanda se lanzó a través de una de las ventanas de la sala de prensa, estrellándose contra la acera, cuatro pisos más abajo.

Una vez concluida la escena, nuestra atención se centró en la competencia tratando, sin mucho éxito, de dejar atrás lo sucedido.

Siete corredores, todos ellos integrantes del grupo de forjadores de la microhistoria del *tour*, llegaron fugados con veinticinco minutos de ventaja sobre el pelotón. Las posiciones generales no se modificaron y continuaba el liderato de Armstrong y Kelme.

Esa tarde la gente comenzó a comer un poco; resultaba inconcebible pero, al parecer, empezábamos a acostumbrarnos a nuestro violento cautiverio.

Escribí y envié mi reporte del día a *Spirale Calder*, para luego recibir la segunda parte del trabajo del doctor Osborne.

Doctor Miravalle:

Mi enfermedad se está complicando. La neumonía lobar se ha vuelto doble y hoy me han detectado efusión pleural. Cada día puedo trabajar menos y siento como si me faltaran las fuerzas para llegar a la meta. He de decirle que el hecho de que usted se encuentre en una situación de peligro extremo me ayuda a superar mis momentos de debilidad.

Todo este calvario comenzó en mi último viaje a Europa, el día en que varios miembros de la *OMI* sufrimos un atentado en las afueras de la UNESCO, por la misma secta que ahora los tiene secuestrados. Solo recuerdo una sorda explosión e inmediatamente perdí el conocimiento. Días más tarde desperté en un centro médico de París y supe entonces que quedaría paralítico. De aquel hospital salí con una agresiva bronquitis aguda a la que mi mermado cuerpo no pudo hacer frente y que, cuando usted ya había viajado al *tour,* se transformó en neumonía y me trajo a este sanatorio.

Disculpe, doctor Miravalle, pero únicamente he atendido a su consejo y por fin me he desahogado. Se lo dije en mi mensaje anterior y se lo repito ahora, quizá con más fuerza para que a mí también me quede claro: ya estamos muy cerca del final y ambos debemos resistir. ¡Sigamos adelante!

2. El pensamiento debe ser creativo

Significa que el líder debe ser capaz de generar ideas originales relativas a su área de influencia. El **pensamiento** creativo genera conceptos innovadores y es cualitativamente superior al **pensamiento** constructivo, que crea nociones útiles y al **pensamiento** destructivo, que echa abajo las ideas ajenas.

Si el líder utiliza un estilo de **pensamiento** constructivo puede ser que logre mantenerse en el «juego», pero le será difícil aprovechar a su favor la innovación. Mientras que si utiliza un estilo de **pensamiento** destructivo, quedará fuera del «juego» al momento que sea indispensable la presentación de propuestas. El líder que no tenga **pensamiento** creativo está limitado en el tipo de respuestas que puede dar.

Gracias por escucharme.

No cabía duda que, a pesar de nuestras diferencias, el doctor Osborne y yo seguíamos teniendo muchas similitudes. En estos momentos cada cual tenía su propia prisión y la total incertidumbre sobre su porvenir.

La mañana siguiente fue más larga que las anteriores, puesto que la etapa empezaría hasta las 12:00 horas y, como de costumbre, un poco antes comenzó la macabra expectación.

Hoy con la *decimoséptima etapa*, continúa nuestro recorrido por el centro de Francia rumbo al norte por la zona conocida como el Macizo Central, desde la población de *Brive-La-Gaillarde*, famosa por sus mercados de nueces, trufas y castañas, hasta la ciudad de *Montluçon*, importante centro ganadero, sobre una distancia de 200 kilómetros.

Con los abandonos de ayer, suman ya cuarenta y tres los ciclistas que han quedado fuera de la competencia y solamente el equipo Bonjour conserva a sus nueve hombres.

Resultaba irónico, todo el planeta estaba presenciando la misma transmisión y más tarde se enteraba de los detalles que enviaba un grupo de reporteros plagiados en la ciudad de *Pau*.

De pronto, el locutor televisivo informó que la salida se retrasaría treinta minutos porque aún no terminaban de cerrar las carreteras del recorrido.

En ese lapso llegó el tercer correo del doctor Osborne.

Doctor Miravalle:

Hoy he experimentado una inesperada mejoría. Deseo que esto también sea un buen augurio respecto a su situación. Le envío la parte final del tema.

3. El pensamiento debe ser transdisciplinario

Significa que el líder debe ser capaz de manejar las situaciones problemáticas complejas que se presenten en su área de influencia. El **pensamiento** transdisciplinario genera soluciones integrales y es cualitativamente superior al **pensamiento** monodisciplinario,[1] multidisciplinario[2] e interdisciplinario.[3]

Sé que el título es un tanto complejo, pero las cosas deben llamarse por su nombre y si este atributo aún no tiene un término más simple, pues tendremos que sufrir un poco.

Regresando al fondo del tema, si el líder utiliza un estilo de *pensamiento* monodisciplinario, se mantendrá en el «juego» mientras la complejidad de los problemas sea baja y se requieran soluciones puntuales, y si utiliza un estilo de *pensamiento* multidisciplinario se mantendrá en el «juego» mientras la complejidad de los problemas sea media y se requieran soluciones semipuntuales. Si el líder utiliza un estilo de *pensamiento* interdisciplinario se mantendrá en el «juego» mientras la complejidad de los problemas no sea demasiado alta y se requieran soluciones semiintegrales. El líder que no tenga *pensamiento* transdisciplinario[4] está limitado en el nivel de la complejidad de los asuntos que puede manejar.

Después de este tema, solo nos falta por definir un último principio integrador del resto que, como lo habíamos comentado, nos brinde la oportunidad de diferenciar esencialmente al liderazgo que promueve el beneficio social.

Todo parece indicar que ambos estamos soportando hasta el final.

Le envío muchos saludos.

¿Cuál sería ese último principio integrador del resto? Comencé a tratar de armar un rompecabezas en mi mente, pero mi *pensamiento* fue bruscamente interrumpido.

—¡Número ochenta y siete! ¡Miravalle! —gritó el jefe del comando.

Me quedé estupefacto.

ACTIVIDAD

Hoy abordaremos uno de los temas más interesantes. Sin lugar a dudas, de los quince principios básicos de liderazgo que identifica el modelo de liderazgo integral C3, el relativo al pensamiento es del que menos información se puede encontrar en los libros especializados. Ignoro la razón de esta circunstancia, pero el hecho es que esta ausencia me brindó la oportunidad de contribuir desde finales de los años ochenta a la ampliación de la frontera del conocimiento del tema, particularmente en lo relativo al pensamiento transdisciplinario.

Si bien este término se divulga en *Rumbo a la cima* desde el año 2002 como el tercer requisito del pensamiento del líder, es conveniente que sepas que he trabajado en él desde hace mucho tiempo. Ya en el proemio de mi tesis de maestría titulada «Modelo de estudio curricular posmaestría en el área de sistemas» podía leerse lo siguiente:

La actual «era sistémica» nos exige mucho más: lograr un efecto sinérgico que potencie nuestra capacidad de identificar problemas, instrumentar mecanismos e implantar soluciones bajo una panorámica holística llena de incertidumbre. De tal suerte que los procesos a estudiar deben ser considerados con relación a otros procesos, buscando llegar no a una solución óptima inexistente en la práctica, sino a una disolución del problema original, que obligatoriamente implica la suboptimización de sus componentes individuales en beneficio del resultado global del sistema.

Este acercamiento requiere de una gran habilidad conceptual para identificar los problemas en relación a su entorno, de una gran habilidad técnica para instrumentar los mecanismos que satisfagan el diseño propuesto, y de una gran habilidad humanística para implantar las soluciones recomendadas con la menor resistencia al cambio posible. De ahí la necesidad de contar con una óptica que solo puede ser proporcionada por un conjunto de personas abocadas al proyecto.

La manera de tener éxito en esta empresa consiste en pasar de un estilo de pensamiento monodisciplinario a uno transdisciplinario, dejando atrás estilos intermedios como los multi y los interdisciplinarios... El nivel superior o transdisciplinario, no solo cubre las reciprocidades entre conocimientos especializados, sino que también sitúa estas relaciones dentro de un sistema total que no tiene fronteras sólidas entre las disciplinas involucradas, creando, por así decirlo, una supradisciplina para atacar cada tipo de problema.

Estoy convencido de que solamente en un contexto transdisciplinario podremos comprender y manejar de forma adecuada fenómenos como: modernización, analfabetismo, contaminación, narcotráfico, apertura comercial, automatización, calidad total, globalización, subdesarrollo, etc., tan comunes y tan complejos al mismo tiempo.

Esta idea resultó ser tan importante e inexplorada, que constituyó la base para la obtención de mi doctorado en 1992 a través de la disertación titulada «Introducción al estudio del pensamiento transdisciplinario», en cuya parte inicial está escrito:

El presente trabajo busca ser una aportación al estudio formal del pensamiento humano, proponiendo al pensamiento transdisciplinario como un concepto innovador que permite al hombre dar soluciones integrales a los problemas de creciente complejidad con lo que se enfrenta.

En la primera parte del trabajo se presenta un estudio analítico longitudinal de los diferentes estilos de pensamiento que ha utilizado el hombre a lo largo de la historia para la solución de problemas. En la segunda parte se presenta un estudio analítico transversal de los diferentes enfoques contemporáneos que utiliza el hombre para la solución original de problemas. En la parte final se presenta una investigación experimental referente a los elementos intrínsecos del individuo que favorecen el desarrollo del pensamiento transdisciplinario.

Comprendo que me he extendido un poco más de lo acostumbrado, sin embargo, me parece justificable en razón de compartir contigo que, más allá del valor que pueda tener el modelo de liderazgo integral C3 al identificar claramente los principios básicos para un correcto ejercicio del liderazgo y proveerlos de un marco organizador que los haga accesibles a cualquier persona, la propuesta que estamos estudiando contiene un ingrediente exclusivo denominado pensamiento transdisciplinario.

Ten presente que los requisitos del pensamiento del líder son tres: *la proactividad, la creatividad* y *la transdisciplinariedad*, y que tú puedes ser un mejor líder si reflexionas sobre lo siguiente:

— ¿Cómo sueles enfrentarte a los problemas en la actividad que desarrollas?

- Reaccionando inmediatamente después de que se han presentado.
- Actuando al parejo de los mismos.
- Previendo y anticipándote.

— ¿Cómo sueles responder ante los problemas en la actividad que desarrollas?

- Echando abajo las ideas ajenas que buscan una solución.
- Creando nociones útiles y prácticas.
- Generando ideas originales.

— ¿Cómo sueles abordar los problemas en la actividad que desarrollas?

- Usando una disciplina específica.
- Utilizando dos o más disciplinas, según se requiera.
- Buscando la reciprocidad de intercambio entre varias disciplinas pertinentes.
- Atacando cada tipo de problema con una «supradisciplina» particularmente original.

17

LA VISIÓN

Tardé unos segundos en reaccionar. Lentamente me levanté de mi asiento. Al momento fui tomado de los brazos por dos fuertes miembros del comando secuestrador. Mi lugar en la sala de prensa hacía necesario que pasara frente al jefe del comando en mi camino rumbo a la puerta de salida.

Sentía frío en todo el cuerpo, las manos me sudaban, mi cabeza sufría un severo aturdimiento y el corazón estaba a punto de salírseme del pecho, por lo que respiraba de manera agitada y con mucha dificultad. Caminé sin prisa mientras los mudos reporteros me observaban; me volví a ver al jefe del comando.

De pronto, una idea iluminó mi confusa mente. Ignoraba si funcionaría pero era mi única esperanza, así que al pasar frente al jefe del comando me detuve y lo miré directamente a los ojos.

—*Feu Tamayo* —dije con seguridad.

Los miembros del comando que me sujetaban se mostraron confundidos.

—*¿Feu Tamayo?* —preguntó el jefe del comando.

—Sí, *Feu Tamayo* —confirmé.

El jefe del comando tomó su radiotransmisor y solicitó instrucciones. Le indicaron que me dejara libre y él mismo me acompañó a la puerta e instruyó a sus compañeros de afuera.

Bajé corriendo por las escaleras del hotel y llegué al vestíbulo principal que estaba repleto de soldados franceses. Enseguida uno de ellos me abordó.

—Por favor, sígame doctor Miravalle.

En la calle nos esperaba un auto militar que nos condujo al aeropuerto de *Pau*. Al llegar, entramos directo a un hangar del ejército francés y el militar me condujo a una pequeña avioneta que ya tenía encendidos los motores. Una vez que abordé la aeronave, el militar se despidió y quitó la escalerilla.

—Pase, por favor —me indicó un miembro de la tripulación. Cerró la puerta a mis espaldas y de inmediato el aparato se comenzó a mover.

En el interior de la avioneta había dispuesta una pequeña mesa con varios planos encima y cinco personas sentadas en los lugares contiguos discutiendo en voz alta. Uno de los participantes se levantó y extendiendo su mano, me dijo:

—*Feu Tamayo*, es un placer conocerle. Soy *Eau Bazaine*.

—Mucho gusto *Eau Bazaine* —contesté.

Estaba ni más ni menos que frente al presidente de la *OMI*. Mi admiración era mayúscula.

—Por favor, tome su lugar —dijo señalándome un sitio libre—. Estamos a punto de despegar. Debe saber que solo hay una razón por la que nos está acompañando en este vuelo rumbo al aeropuerto de *Clermont-Ferrand*, el más cercano a la ciudad de *Montluçon*. Señores —se dirigió al resto de los pasajeros distrayendo por un momento su atención de los planos—, les presento a *Feu Tamayo*.

—Bienvenido *Feu Tamayo* —dijo un militar de cabello cano e innumerables condecoraciones en el pecho—. El motivo por el que se encuentra aquí es para proporcionarnos información precisa de los detalles de la sala de prensa en la que estuvo secuestrado. Me explico. Después de más de cuarenta y ocho horas de esfuerzos diplomáticos, no ha sido posible concretar una negociación favorable con la secta responsable, por lo que nos encontramos en la parte final de la definición del operativo para recuperar esa instalación por la fuerza, utilizando al más sofisticado cuerpo multinacional antiterrorismo.

—Será una toma violenta —continuó diciendo otro de los militares de menor edad—, en la que seguramente habrá algunas bajas pero, con su ayuda, esperamos que la mayor parte de ellas sea del comando secuestrador.

Mi asombro iba en aumento conforme la conversación avanzaba. Seguramente lo notó *Eau Bazaine* e intervino.

—Mire *Feu Tamayo,* podíamos hacer la toma violenta de la sala de prensa sin su ayuda, pero los especialistas opinaron que su estancia en ese lugar nos daría detalles importantes que permitirían salvar muchas vidas inocentes. Así que se hizo el rastreo de la frecuencia de comunicación del jefe del comando secuestrador y el día de hoy se le transmitió el nombre de Miravalle como el siguiente cronista en ser ejecutado.

—¿Por qué cree que el inicio de la etapa de hoy se pospuso media hora? —me preguntó uno de los civiles que participaba en la reunión—. Aún no terminábamos de rastrear la frecuencia y nuestra próxima oportunidad sería hasta mañana, al iniciar la siguiente etapa. De la misma forma en que ellos intervinieron nuestras comunicaciones para proyectar su mensaje en la sala, nosotros hicimos lo propio.

—Así que nuestra apuesta consistía —retomó la palabra *Eau Bazaine*— en que usted, al encontrarse sin salvación posible, recordara que debía decir su código en situaciones extremas. Esa duda que sembró en el jefe del comando hizo posible una segunda intervención en su frecuencia para darle la orden de liberarlo.

—Bien caballeros —interrumpió el militar de pelo cano—, dejémonos de explicaciones y aprovechemos la presencia de *Feu Tamayo* para afinar los últimos detalles del operativo.

Durante los sesenta minutos que le restaban al vuelo me hicieron innumerables preguntas y tomaron mi opinión con base en los diferentes planos que me presentaron.

De igual forma, había también una frecuencia de radio abierta a los miembros del cuerpo multinacional antiterrorismo que estaban escuchando toda nuestra conversación y también preguntaron infinidad de detalles. Finalmente, unos pocos minutos antes de aterrizar, el militar de pelo cano dio la orden con la que empezó el operativo.

No bien habíamos entrado en el hangar militar de *Clermont-Ferrand,* cuando reportaron el desenlace: la sala de prensa había sido recuperada sin bajas de nuestro escuadrón y habían capturado a treinta y dos miembros del comando secuestrador. En todos los presentes se dibujó un gesto de satisfacción.

Después del tramo carretero que recorrimos en un vehículo militar, por fin llegamos a *Montluçon* ya entrada la noche, y el transporte me dejó en el hotel sede.

Fui a mi cuarto. Tomé un largo baño caliente y me rasuré. Me metí a la cama y me quedé dormido de inmediato.

Al siguiente día por la mañana me enteré de los resultados de la etapa del agitado día anterior. El pelotón llegó compacto y las posiciones generales no se modificaron.

Pero el nuevo día traía consigo una nueva etapa determinante para los resultados del *tour.* Se trataba de una etapa corta y plana, en la que los ciclistas debían emplearse a fondo puesto que, además del cronómetro de oro que el ayuntamiento de *Saint-Amand-Montrond* le regalaría al vencedor, estaban en juego los dos mayores premios del *tour:* el podio de la camiseta amarilla y el de los equipos, es decir, los tres mejores ciclistas y las tres mejores escuadras. Si bien todavía quedaban dos días más de competencia, la historia y las probabilidades mostraban lo difícil que resultaba una modificación de último momento en esas dos distinciones. Comencé a grabar.

Los sesenta y un kilómetros que separan a la ciudad de Montluçon *en la región de Auvernia, de la población de* Saint-Amand-Montrond *en la*

región del *Centro de Francia, serán el escenario de la* decimoctava etapa: *una prueba contrarreloj individual.*

*Hay cuatro candidatos al podio de la camiseta amarilla: el esta-
dounidense Armstrong de Postal, el alemán Ullrich de Telekom a cinco
minutos de diferencia, el kazako Kivilev de Cofidis a solo ocho segundos
de Ullrich y el español Beloki de ONCE a poco más de un minuto de
Kivilev.*

*A excepción de Armstrong que parece firme en el liderato, los otros
tres corredores pueden permutar lugares según su actuación.*

*En lo relativo al podio de los equipos, la lucha está dividida en dos par-
tes: por el primer lugar pelean desde hace ya varias etapas los equipos españoles Kelme y ONCE con una diferencia de nueve minutos entre ellos y, por
el tercer lugar, a más de veintiséis minutos de distancia de ONCE, luchan el
equipo holandés Rabobank, el francés Bonjour, el alemán Telekom y el estadounidense Postal. Sin duda pueden presentarse sorpresas...*

En la batalla de equipos, Felguérez estaba preocupado porque los pedalistas de ONCE eran muy buenos contrarrelojistas en terreno plano, a diferencia de los de Kelme que se desenvolvían mejor en subida; sin embargo, invitó a los muchachos a dar su máximo esfuerzo y buscar defender el sitio de honor. Prácticamente era un duelo de ternas: Beloki, González y Serrano de ONCE contra Sevilla, Botero y Gutiérrez de Kelme...

Gutiérrez, de Kelme, sale en el lugar 120 y tiene una espléndida actuación puesto que marca el mejor tiempo hasta ahora.

Serrano, de ONCE, parte en el sitio 136 y bate el tiempo de Gutiérrez en treinta y seis segundos. Nuestra ventaja por equipo comienza a reducirse.

Botero, de Kelme, sale en el lugar 137 y, aunque tiene una buena actuación, no puede marcar el mejor tiempo del día.

González, de ONCE, parte en el sitio 140 y supera a Botero por un minuto y diecinueve segundos. Nuestra ventaja por equipo sigue reduciéndose de manera alarmante.

¡Ahora todo está en manos de Sevilla y Beloki!

Sevilla, de Kelme, arranca en el lugar 139 y tiene el desempeño más pobre de los tres hombres fuertes de Kelme.

Por su parte Beloki de ONCE sale en el lugar 143 y también es el menos bueno de sus compañeros; sin embargo, aventaja en dos minutos con tres segundos a Sevilla.

Esto significa una reducción de la ventaja global de Kelme sobre ONCE a tan solo cinco minutos, no obstante, la prueba ha sido satisfactoria puesto que conservamos el primer lugar.

En la lucha por el tercer lugar por equipos se combina una excelente actuación del equipo alemán Telekom que pasa del quinto al tercero, con un mal desempeño del equipo holandés Rabobank, que pasa del tercero al quinto, dejando en cuarto lugar al equipo francés Bonjour y en sexto a la escuadra estadounidense Postal.

Finalmente, para la definición de la camiseta amarilla, Beloki de ONCE supera ampliamente a Kivilev de Cofidis, con lo que le arrebata el tercer lugar, mientras que Ullrich de Telekom aventaja a Beloki y afianza su segundo lugar sin poder descontarle tiempo a Armstrong, de Postal, quien es el ganador absoluto de esta etapa y, por supuesto, del cronómetro de oro.

Al finalizar la etapa fuimos trasladados por carretera a la ciudad de donde partiría la competencia el día siguiente. Debido a la lluvia, los 150 kilómetros de *Saint-Amand-Montrond* a *Orléans* se recorrieron en más de dos horas y llegamos ya muy noche.

Rápidamente revisé mis correos y me extrañó no haber recibido ninguno. Pregunté y, al parecer, la red del *tour* se había dañado con el violento operativo de la ciudad de *Pau*, pero el servicio estaría restablecido en veinticuatro horas.

Al día siguiente almorcé, subí al primer auto de Kelme y empecé a relatar la historia de la etapa.

Hoy se llevará a cabo la decimonovena etapa, penúltima de este tour con una distancia de 149 kilómetros entre Orléans, la famosa ciudad liberada del dominio inglés por Juana de Arco en la Guerra de los Cien Años, lucha intermitente entre Inglaterra y Francia verificada entre 1337 y 1453, y la ville nouvelle[1] de Evry, población desarrollada a partir de 1965 en las afueras de París.

Desde el punto de vista competitivo, lo más sobresaliente es la disputa de la camiseta verde: el australiano O'Grady de Crédit Agricole aún continúa en primer lugar, pero solamente once puntos adelante del alemán Zabel, de Telekom. Esta etapa tiene consideradas dos metas volantes que, junto con la meta final, repartirán valiosos puntos.

Veinte kilómetros antes de la primera meta intermedia, un corredor de Crédit Agricole se escapa y llega en primer lugar ganando seis puntos. Después arriba el pelotón en tremendo sprint que encabeza Zabel ganando cuatro puntos, seguido de O'Grady que obtiene dos. La diferencia entre ambos se reduce a nueve puntos.

El cerrado sprint del pelotón en la segunda meta intermedia es ganado por Zabel que acumula seis puntos, dejando en segundo lugar a O'Grady que consigue cuatro. La nueva diferencia entre ambos ahora es de siete puntos.

El primero en cruzar la línea de meta, después de vencer a todos en otro espectacular sprint, es nada menos que Zabel, seguido por O´Grady. La puntuación, por tratarse de meta final, es mucho mayor a las anteriores y el alemán gana treinta y cinco puntos contra treinta del australiano.

El día termina con O'Grady vestido de verde, pero únicamente dos puntos arriba de Zabel. Todo se definirá mañana en París.

La cena de ese día fue bastante tranquila; se respiraba al mismo tiempo un aire de cansancio por el terreno recorrido y una atmósfera de impaciencia por la etapa faltante. En el momento en que los ciclistas se despidieron para ir a descansar, Felguérez me llamó con una seña y fui a sentarme a su lado. Juntos disfrutamos una copa de *Muscadet*, el vino blanco seco propio del Valle del *Loira*, al tiempo que charlábamos de manera apacible y melancólica. Esta sería con seguridad nuestra última reunión privada antes de mi partida. Hacía menos de un mes que nos conocíamos, pero lo que habíamos compartido juntos en ese tiempo sin duda representaba un lazo de unión permanente. Llegado el momento oportuno, Felguérez me confió:

—Doctor Miravalle, sé que el trabajo que está desarrollando es de carácter universal y por esta razón todo lo que le he comentado hasta ahora ha respetado esa característica, sin embargo, me daría mucho gusto que me permitiera esta noche hablarle de algo muy personal sin lo que no es posible entender mi liderazgo —paladeando largamente un trago de su copa, continuó—. Se trata de mi *visión* particular de la vida.

¿Acaso sería la *visión* el principio integrador del resto?

De inmediato comencé a tomar nota mientras escuchaba las palabras del entrenador.

LA VISIÓN DEL LÍDER

La **visión** es la concepción personal de la existencia misma. Todas las personas tienen la suya, pero en el líder tiene un papel fundamental por dos razones.

1. La visión determina el contenido, la calidad y el alcance de la meta

   Si el líder es responsable de la fijación de la meta, su **visión** es decisiva para conformar al equipo, mas si solamente es responsable del cumplimiento de dicha meta, su **visión** es decisiva para conducir al equipo.

2. La visión constituye el núcleo que integra al resto de los principios y les brinda jerarquía

Todos los temas abordados a lo largo de estos días son indispensables para el ejercicio del liderazgo, a pesar de que algunos gocen de mayor difusión y popularidad que otros. Sin embargo, la importancia relativa que toman en manos de cualquier individuo depende por completo de la visión que este tenga.

—De ahí que podamos identificar grandes líderes que no han conducido a su gente a buenos propósitos —comentó Felguérez—. Pero no solo es culpa de ellos —agregó categórico— sino, y sobre todo, de los muchos personajes ordinarios de liderazgo local quienes, al incumplir o delegar su responsabilidad, han permitido que imperen los criterios de esos grandes líderes poco virtuosos. Tenga la seguridad de que los integrantes de un pequeño grupo bien conducido, comenzando con la familia, no tendrían la necesidad de andar buscando por ahí a quién seguir, pues contarían con bases firmes y no se dejarían engañar por falsos profetas.

—Esa precisamente es una de las contribuciones que el doctor Osborne espera de este trabajo —dije inmediatamente—. La urgencia de hacer conscientes a esos muchos personajes ordinarios de liderazgo local en cuanto a lo indispensable que resulta el desarrollo de su potencial, no solamente para la superación propia, sino para la de quienes les rodean.

—Y puede tener la certeza de que lo logrará —su profunda mirada denotaba esperanza—. Yo sé bien lo que le digo.

—Gracias por su confianza —respondí.

Antes de continuar, Felguérez tomó otro sorbo de su copa y se acercó a mí. La luz en el comedor era tenue y ya casi no había comensales, por lo que se respiraba una atmósfera de intimidad.

—Escuche doctor Miravalle, mi *visión* de la vida consta de tres grandes esferas.

1. *Una clara noción del mundo que me permita siempre tener los pies sobre la tierra. Cualquier decisión que tomara sin considerar al mundo, bien podría ser llamada utópica y estaría incompleta.*

Felguérez se detuvo un momento, como queriendo escuchar el eco de sus palabras.

2. *Una clara noción del ser humano que me permita siempre brindarle la mano a mis semejantes. Cualquier decisión que tomara sin considerar al ser humano, bien podría ser llamada inhumana y también estaría incompleta.*

Felguérez sorbió nuevamente de su copa y me miró fijamente.

3. *Una clara noción de Dios que me permita voltear la mirada al cielo y siempre aspirar a su plenitud. Cualquier decisión que tomara sin considerar a Dios, bien podría ser llamada atea y, nuevamente, estaría incompleta.*

La serenidad de su mirada era cautivante.

Sin embargo para mí eso no era suficiente y comencé a objetarle algo, pero no me dejó.

—Antes de que me haga cualquier comentario —expresó—, bríndeme la oportunidad de suponer que usted es creyente.

—¿Cómo lo sabe?

—Muy fácil —contestó—, nueve de cada diez personas en su país lo son, o al menos declaran serlo; sin embargo, es imposible comprender esa «clara noción de Dios» de la que le hablo, sin haberlo vivido en carne propia. Permítame contarle una historia personal.

Asentí al momento que Felguérez daba otro sorbo a su copa.

—Hace más de cuarenta años, mi esposa y yo tuvimos el hijo que siempre habíamos deseado, pero a los pocos meses de vida enfermó y, a pesar de todos nuestros cuidados, su situación se agravó. Una fría madrugada el niño comenzó a toser con muchas flemas y mostraba dificultad para respirar. Deprisa lo cubrimos con un manto y corrimos al médico más cercano. Cuando llegamos al doctor, el niño había muerto en mis brazos.

Hizo una pausa para recuperarse del recuerdo que le había rasado los ojos. Tomó un nuevo trago de su bebida y continuó.

—Me sentí desecho e incapaz de comprender la extraña lógica que representaba traer una criatura al mundo para meses después tener que devolverla al cielo. En ese entonces yo, al igual que usted, me definía como creyente puesto que había sido bautizado, sin embargo, estaba muy lejos de entender el verdadero significado de mi condición. Estando en ese difícil trance recibí una carta de un gran amigo que siempre traigo conmigo.

Felguérez sacó su libreta verde y de la solapa posterior extrajo un gastado y amarillento papel que me dio a leer.

Mi querido Dionisio Felguérez:

El pasado viernes me despertó una de las noticias más tristes que he recibido en mi vida. Hacía mucho tiempo que no lloraba tanto. Mentiría si te dijera que entiendo cómo se sienten tu esposa y tú, porque estoy seguro de que no tengo ni la más remota idea de lo que han sufrido. Simplemente me gustaría decirte que estoy contigo...

Hace ya mucho tiempo que al vivir y observar la vida de otros he tratado en vano de comprender la esencia de la existencia. Tengo ahora muchas más incertidumbres que certezas, mas te pido que me permitas en estos difíciles momentos compartir contigo algunas verdades inobjetables:

Dios nos ama y Dios nos crea.

Dios nos revela sus obras, mas nos oculta sus misterios.

Sus obras las percibimos a través de nuestra sensibilidad espacio-temporal.

Sus misterios trascienden nuestra sensibilidad espacio-temporal.

Dentro de los límites del espacio y del tiempo que conocemos no existe algo que pueda llamarse Verdad, Justicia o Amor.

Estos misterios solamente operan de manera plena y definitiva en el espacio y tiempo ilimitados, es decir, en la eternidad.

Dios es el dueño de la eternidad y, por lo tanto, de la Verdad, de la Justicia y del Amor.

Es imposible entender aquí y ahora la Verdad, la Justicia y el Amor, mas es posible asumirlos.

Asumirlos significa encarnarlos y vivirlos aun sin entenderlos.

Para asumirlos es necesaria la gracia.

La gracia proviene de Dios y se puede obtener a través de la oración.

La oración nos acerca a Dios y nos permite asumir sus misterios.

Todos los misterios de Dios tienen un significado.

El misterio del Amor de Dios encierra al mismo tiempo paz e inquietud, alegría y sufrimiento, vida y muerte.

El significado de la inquietud es el perfeccionamiento.

El significado del sufrimiento es la purificación.

El significado de la muerte es la resurrección.

Resucitar significa regresar con Dios y ser partícipes de su eternidad y de sus misterios.

Morir es pues, gozar a plenitud de la Verdad, la Justicia y el Amor de Dios.

Te ama en Cristo, Joan Osborne

Sin acabar de comprender todo lo que había leído, levanté mi vista del papel y me encontré con la mirada de Felguérez.

—Efectivamente doctor Miravalle. Esas palabras que acaba de leer, escritas hace muchos años por Osborne, cambiaron por completo mi *visión* de la vida. Siempre estaré en deuda con ese gran hombre.

Felguérez estaba visiblemente emocionado y tuvo que hacer una pausa para aclararse la garganta antes de proseguir.

—Hace unas cuantas horas Osborne murió. En su último mensaje me explicó todo lo que usted estaba viviendo en *Pau* y me pidió que si lo volvía a ver, le hablara sobre la *visión* que nos unió por más de cuarenta años. Le ruego conserve esa carta, estoy seguro de que su mentor todavía tiene mucho que enseñarle.

El silencio entre nosotros fue profundo. No hacía falta sonido alguno para lograr el entendimiento. La comunión perfecta entre dos almas únicamente se consigue en el silencio. Es imposible describir lo indescriptible y narrar lo inenarrable.

No trataré de hacerlo.

ACTIVIDAD

Estamos a un paso de concluir con nuestro recorrido a través de los quince principios básicos de liderazgo.

El último y más importante de todos los PBL que contiene el modelo de liderazgo integral C3 se refiere a la visión. Es el último pues tiene asignado el número quince, pero es el más importante porque se encuentra en la parte central del modelo, donde hacen intersección los tres conjuntos de principios definidos: conformación del equipo, conducción del equipo y contenido del líder. De esta manera, se trata de un PBL que tiene que ver con todas las facetas del liderazgo y que, junto con los valores y la virtudes (los tres PBL comienzan con «v»), nos dan la posibilidad de convertirnos en líderes integrales.

Ten presente que la *visión* es determinante en la actuación de un líder y que tú puedes ser un mejor líder si traes a tu mente la decisión más importante que hayas tomado para tu equipo durante el último mes y reflexionas sobre lo siguiente:

— ¿Qué tanto estuvo incorporada en esa decisión una clara noción del mundo?

— En otras palabras, ¿consideraste todos los objetos, sistemas y procedimientos involucrados?

— ¿Qué tanto estuvo incorporada en esa decisión una clara noción del ser humano?

— Es decir, ¿consideraste a todas las personas que iban a tomar parte en la instrumentación y, sobre todo, a aquellas que iban a ser afectadas con tu decisión?

— ¿Qué tanto estuvo incorporada en esa decisión una clara noción de un ser superior?

— O sea que, ¿consideraste tu estatura real dentro del universo, pero al mismo tiempo buscaste tu propio perfeccionamiento y el de los que te rodean, a la luz de aspiraciones capaces de trascender en el espacio y en el tiempo?

EJERCICIO INTEGRADOR III

Modelo
"Liderazgo Integral C3"

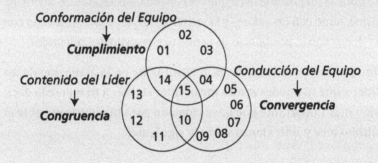

A partir de los cinco principios básicos de liderazgo relativos al contenido del líder:

11: Las habilidades del líder
12: Los valores del líder
13: Las virtudes del líder
14: Los requisitos del pensamiento del líder
15: La visión del líder

Realiza un diagnóstico de tu desempeño como líder integral de tu equipo, identificando tus fortalezas (al menos cinco) y tus debilidades (al menos tres), y haciendo una relación de las acciones que te permitirán subsanar tus deficiencias.

18

L'ARRIVÉE!

H oy terminará **Le Tour de France**. *Son 144 corredores los que, a la una de la tarde, toman la salida de la* vigésima etapa *en* Corbeil-Essonnes, *población ubicada en las afueras de París, para cubrir los últimos 160 kilómetros de la competencia.*

De acuerdo con la tradición, se trata del paseo triunfal del amo y señor de las carreteras francesas en este año: Lance Armstrong. En alusión a la inminente victoria, todos los integrantes del equipo Postal llevan guantes y calcetines amarillos.

Solamente queda la historia de la camiseta verde por definirse. El australiano O'Grady de Crédit Agricole comienza la etapa con dos puntos de ventaja sobre el alemán Zabel de Telekom. Ambos pelearán codo a codo para ganar la distinción en tres oportunidades: dos metas volantes y la meta final.

La primera meta intermedia se disputa en el kilómetro veintinueve. Zabel vence a O'Grady y la puntuación se empata.

En la segunda meta intermedia, el resultado es el mismo: el alemán pasa por delante del australiano y le arrebata de momento el liderato de puntos.

Un poco más adelante, el pelotón entra compacto a la ciudad de París en donde, como ya es costumbre, recorrerá los sesenta y cinco kilómetros finales dando vueltas en el circuito callejero de **Rue de Rivoli** — **Avenue des Champs Élysées**— **Quai des Tuileries,** *ante la presencia de una multitud festiva.*

A las cuatro de la tarde, el pelotón ingresa al circuito cruzando el corazón de París de este a oeste por la calle de Rivoli, pasando a su izquierda el Museo de Louvre, el jardín del Carrousel, el jardín de las Tullerías y la Plaza de la Concordia.

En ese sitio toma la avenida de los Campos Elíseos hasta la Plaza Charles de Gaulle, lugar en que se encuentra el Arco del Triunfo, y da vuelta en «U» regresando por la misma avenida hasta llegar nuevamente a la Plaza de la Concordia.

Ahí, finalmente, el pelotón toma el malecón de las Tullerías, en la orilla norte del río Sena, hasta llegar al jardín del Carrousel y completar el circuito de seis kilómetros y medio al que debe darle diez vueltas.

A lo largo de este recorrido, y a diferencia de otros años, hay intentos de fuga que animan la competencia; sin embargo, ninguno de ellos prospera de manera definitiva y el pelotón termina disputando el sprint final en masa.

El ganador es el corredor eslovaco Svorada, que deja en segundo lugar a Zabel y en tercero a O'Grady, con lo que el alemán de Telekom confirma su dominio en la especialidad sobre el australiano.

Ante el júbilo de los espectadores comenzó la premiación de la etapa, que rápidamente dio paso a la premiación final de la competencia.

El ganador absoluto de la clasificación general individual y dueño definitivo del *maillot jaune*, fue el estadounidense Lance Armstrong, de Postal, con un tiempo total de ochenta y seis horas diecisiete minutos y veintiocho segundos, empleados en los 3,475 kilómetros que conformaron este *tour*, lo que da un promedio de velocidad de 40,271 kilómetros por hora, el segundo más rápido de toda la historia.[1] En segundo lugar terminó el alemán Jan Ullrich, de Telekom, y en tercero finalizó el español Joseba Beloki de ONCE. Además de la medalla, cada uno de ellos recibió un vistoso arreglo floral que, al estar juntos en el podio, los vencedores elevaron lo más alto posible en señal de victoria. El aplauso del público fue prolongado y más que merecido.

La camiseta verde de campeón de regularidad correspondió al alemán Erik Zabel, de Telekom, mientras que la de lunares rojos de rey de la montaña fue para el francés Laurent Jalabert, de CST, y la blanca de mejor juvenil le fue entregada al español Oscar Sevilla, de Kelme.

Cuatro naciones estuvieron representadas por los ganadores individuales: Estados Unidos, Alemania, Francia y España. Los aficionados no cesaron de gritar y ondear sus banderas al momento de escuchar el nombre de sus corredores. Algunos incluso entonaron cánticos de triunfo.

Por fin llegó la premiación que esperábamos: la clasificación general por equipos. El primer lugar fue para la escuadra española Kelme y, por regla de la competencia, es el primer equipo clasificado para la próxima edición del *tour*. El estruendoso clamor en castellano hizo eco a lo largo de los Campos Elíseos. Todos los integrantes del equipo lucían más que satisfechos cuando subieron al podio y recibieron la medalla de vencedores y el simbólico león de peluche: Botero, Cárdenas, Gutiérrez, Pascual, Sevilla, Tauler, Vidal y, por supuesto, Felguérez. Fueron solamente unos cuantos segundos que recompensaron ampliamente las muchas semanas de trabajo y sacrificio. Para mí, estaba claro que había ganado el mejor equipo del evento. El segundo lugar lo ocupó la escuadra española ONCE, dejando en tercer lugar al equipo alemán Telekom.

El festejo no se hizo esperar, la competencia había terminado y con ella la rigurosa dieta deportiva. Una vez que llegamos al hotel, por fin pudimos disfrutar en todo su esplendor de uno de los máximos orgullos del pueblo francés: su arte culinario. Todo comenzó con una exquisita porción de *Quiche Lorraine*.[2] A continuación nos sirvieron la famosa *Soupe à l'Oignon, Gratinée*,[3] y el plato fuerte consistió en un *Filet de Boeuf Stroganoff*[4] acompañado de *Légumes au Beurre*.[5] De postre unas deliciosas *Crêpes Suzette*.[6] De tomar, nos ofrecieron al inicio un insuperable *Dom Perignon* de champaña y posteriormente un *Côte Rôtie* del Valle del Ródano.

Una vez terminado el postre, Felguérez se levantó de su silla, elevó su copa y dijo:

—Este es un momento muy especial para nosotros y quiero invitarlos a brindar por nuestros logros —de inmediato, todos nos pusimos de pie—. Cumplimos nuestra meta y conseguimos mucho más. En primer lugar quiero que brindemos por Cárdenas, que nos dio la satisfacción de haber ganado la decimosegunda etapa, disputada en los Pirineos. ¡Salud!

Todos coreamos el brindis y felicitamos efusivamente a Cárdenas. Una vez vuelta la calma, Felguérez prosiguió:

—En segundo lugar quiero que brindemos por Sevilla que, desde la décima etapa en los Alpes, consiguió la camiseta blanca de líder juvenil y fue capaz de mantenerla hasta el final de la competencia, ¡enhorabuena hijo!

Nuevamente los gritos retumbaron y todos nos abalanzamos sobre Sevilla para mostrarle nuestro afecto. Felguérez llamó al orden y continuó:

—Por último, quiero que brindemos por el logro más importante para todos nosotros: el equipo Kelme consiguió su meta. Fuimos el mejor equipo español de la competencia y terminamos, no solo en uno de los tres primeros lugares de la clasificación general por equipos, sino que triunfamos. ¡Gracias muchachos! Muchas gracias a todos: Gracias al equipo de apoyo que nos acompañó en todo momento y realizó un excelente trabajo.

Gracias a Desbiens y González que, a pesar de no estar presentes el día de hoy, merecen nuestro reconocimiento puesto que hasta antes de sus caídas estaban cumpliendo con su parte.

Gracias a Pascual, Tauler y Vidal por su silenciosa labor de sacrificio y apoyo permanente; su trabajo, a pesar de no ser visible, fue el soporte para el resto del equipo.

Gracias, Cárdenas, por tu triunfo y por brindarnos el apoyo decisivo en las últimas etapas controlando a los corredores más peligrosos de ONCE.

Gracias, Gutiérrez, por convertirte en el tercer hombre del equipo, por haberte ubicado en el vigésimo quinto lugar y porque tu esfuerzo permanente por llegar siempre en las primeras posiciones fue determinante para conseguir nuestra meta.

Gracias, Sevilla, por ser la revelación del equipo y del *tour* mismo, por habernos dado la satisfacción de la camiseta blanca, por haber terminado en el séptimo lugar y por resistir el ritmo hasta el final, aun cuando las fuerzas llegaron a faltarte.

Y, muy especialmente, gracias a ti Botero, por ser el capitán del equipo, por tomar las decisiones correctas en los momentos oportunos, por haber terminado en octavo lugar, por haber respaldado a quien fue nuestro mejor hombre en la competencia y, sobre todo, por haber sacrificado la camiseta de lunares rojos que ganaste el año pasado, al tener que cumplir con el deber de apoyar a los más inexpertos y débiles en los momentos críticos. Ten la seguridad de que tu labor rindió frutos y te regalará muchas satisfacciones futuras. ¡Gracias de nuevo a todos!

Terminando la intervención de Felguérez todo fue bullicio y festejo. Antes de retirarme a la conferencia de prensa final que bajaría el telón definitivo del *tour*, fui a despedirme del entrenador.

—Señor Felguérez, quiero felicitarlo por haber cumplido con la meta. Cuando recién me explicó en qué consistía, debo confesarle que tuve mis dudas. Ser el mejor de cuatro equipos españoles de alto nivel me parecía difícil, pero más difícil aún me parecía ser uno de los tres primeros, tomando en cuenta que en la competencia estaban presentes las veintiún mejores escuadras del mundo. A pesar de que Kelme no cuenta con renombrados ciclistas, gracias a su atinado liderazgo logró resultados extraordinarios con gente ordinaria.

—Gracias doctor Miravalle —respondió—, hay pocas cosas en esta vida que pueden compararse con la satisfacción de haber cumplido con una responsabilidad encomendada.

—También quiero agradecerle todas las atenciones y facilidades que me brindó a lo largo de esta inolvidable experiencia. Tenía usted razón, este evento deportivo estuvo repleto de oro molido para mi proyecto —estreché fuertemente su mano, lo abracé y le dije—. Muchas gracias por todo lo que me permitió aprender de usted a lo largo de esta competencia. Jamás lo olvidaré.

—Espero que tampoco olvide enviarme una copia de su trabajo —sentenció sonriendo.

—¡De ninguna manera!

Me retiré del comedor y acudí a la sala de prensa para enviar a mi esposa las conclusiones finales del trabajo. Con gran pesar recordé al doctor Osborne y me dirigí al auditorio principal en donde se llevaría a cabo la última conferencia de prensa.

Faltaban unos minutos para que diera inicio y el local ya se encontraba prácticamente lleno. El diálogo simultáneo en diferentes idiomas daba al sitio el inconfundible sello cosmopolita que caracteriza a las principales ciudades del mundo. Encontré un asiento vacío como a la mitad del recinto, me acomodé y preparé mi cuadernillo de notas. Poco a poco se fueron ocupando los lugares del presidium. Gradualmente disminuyó el murmullo y todo quedó en silencio.

¡Muy buenas noches damas y caballeros!

Fueron las primeras palabras del maestro de ceremonias... Y también las últimas.

Una ensordecedora detonación retumbó en el auditorio. De inmediato se desató un incendio y los rociadores de emergencia comenzaron a funcionar, mientras un espeso humo comenzó a invadir el sitio.

El caos era el único gobernante del lugar. Los gritos de la gente atrapada no cesaban. Había un absoluto desorden esparcido por todo el piso.

En medio de la confusión, los presentes nos atropellábamos en nuestro intento por encontrar una salida, pero el humo hacía imposible la visibilidad, además de que el penetrante olor a quemado se volvió intolerable, por lo que arrastrarse a ciegas era la única forma de moverse.

Se escuchó un nuevo estallido. Salí volando y caí varios metros adelante, cerca de una puerta.

Recordé entonces las palabras finales de la insólita transmisión en Pau: «Nuestra secta siempre cumple sus promesas».

Quise moverme a la salida, pero mi cuerpo no respondió, de pronto, comenzaron a entrar personas al rescate. Grité lo más fuerte que pude y, ante mi sorpresa, fui sacado de ese infierno por el inmutable sujeto moreno, delgado, con barba cerrada y gesto avieso. Una vez más nos miramos fijamente.

Afuera del recinto en llamas, tendido de espaldas y con un dolor insoportable en todo el cuerpo, repentinamente comenzaron a desfilar ante mis ojos los inolvidables momentos del tour: el cálido recibimiento de Felguérez... el orgulloso francés Moreau portador inicial de la camiseta amarilla... la etapa del diamante en *Anvers* ganada por el belga Wauters y su saludo familiar al día siguiente en *Lummen*... el triunfo del francés Jalabert en *Verdun*... la formidable etapa contrarreloj por equipos... la impresionante fuga del belga Merckx... la victoria del francés Jalabert el Día de la Toma de la Bastilla... el primer gran logro de Kelme cuando el español Aitor González terminó segundo lugar en la octava etapa... *L'Alpe-D'Huez* y sus historias: la victoria del estadounidense Armstrong y la camiseta blanca para el español Oscar Sevilla... la agradable conversación con Hinault observando un contrarreloj individual... el increíble triunfo del colombiano Félix Cárdenas en los Pirineos... la sublime victoria de Armstrong dedicada al italiano Casartelli en lo alto de *Saint-Lary-Soulsan*... el empuje del español Laiseka y su microhistoria... el excelente desempeño del colombiano Santiago Botero como jefe del equipo... el saludo amistoso entre el alemán Ullrich y Armstrong... la angustia de la última prueba contrarreloj individual al ver cómo nuestra ventaja sobre el equipo español ONCE se reducía dramáticamente... la feroz batalla por la camiseta verde entre el australiano O´Grady y el alemán Zabel... la íntima conversación con Felguérez con relación a su visión... La satisfactoria premiación en *Champs Élysées* y la exquisita cena *gourmet* de festejo...

Lo último que registré en mi mente fue el rostro del doctor Maurice Gerard que, inclinado hacia mí me dijo:

—No se preocupe *Feu Tamayo,* todo estará bien.

19

LA ASAMBLEA

Amor:

¡Cómo me hubiera gustado tenerte a mi lado hoy!

Te extrañé como no te imaginas y al mismo tiempo valoré totalmente el trabajo que desarrollaste a lo largo de las últimas semanas. Doy gracias al doctor Osborne por haberte invitado a formar parte de este proyecto. Nuestros hijos y yo estamos muy orgullosos de ti.

Debido a la imposibilidad de compartir estos momentos contigo y como no quiero que el tiempo debilite los vivos sentimientos que me invaden ahora, he decidido escribirte estas líneas que retratan una de las experiencias más importantes de toda mi vida...

He tenido días complicados ya con el trabajo terminado. Sufrí mucho en las exposiciones previas: primero en París ante los miembros de la UNESCO y después aquí mismo, en Nueva York, frente a los integrantes del Consejo de Seguridad de las Naciones Unidas. Por fortuna, ambas fueron exitosas y por eso llegué a la última y definitiva instancia de aprobación para la publicación de la obra en todos los idiomas.

No cabe duda que, a pesar de mi inexperiencia, el proyecto tenía la solidez suficiente para resistir cualquier prueba. El doctor Osborne, tú y yo formamos un excelente equipo que, a pesar de todos los obstáculos, cumplió con su meta. Por eso los extrañaba a ambos, ¡era injusto que estuvieran ausentes!

Cuando me encontraba a punto de tomar la palabra en la tribuna principal de la sede de la Organización de las Naciones Unidas, la Asamblea General me resultaba imponente, más aun porque se estaba televisando en vivo, lo que a la vez me infundía la confianza de saber que, de algún modo, mis seres queridos estaban conmigo.

Sentía las manos sudorosas y las piernas me flaqueaban. Jamás me imaginé tener una experiencia como esa. Seguramente el doctor Osborne habría tenido más aplomo, pues estaba acostumbrado a viajar por todo el mundo y presentarse ante las principales audiencias, pero no era mi caso. Sin embargo, debía honrar su memoria y hacer mi mejor esfuerzo a pesar de la tristeza que sentía cada vez que pensaba en él.

Mi nombre fue anunciado por el micrófono y respiré hondo. Caminé hacia la tribuna principal con la mayor seguridad que pude y dispuse mi material en el estrado. Dirigí una mirada a los cientos de personas que me observaban. Entre ellas reconocí al señor Felguérez y su esposa: esa gran mujer siempre estuvo a mi lado en los momentos más difíciles. No pude evitar que una lágrima rodara por mi mejilla y se me hiciera un nudo en la garganta. Saqué mi pañuelo y limpié mi rostro. Me aclaré la garganta y comencé a hablar:

Muy buenas tardes. Todos ustedes saben que no era a mí a quien originalmente le correspondía estar al frente de este ambicioso proyecto; sin embargo, las dolorosas circunstancias que también son de su conocimiento, han depositado en mi persona la responsabilidad de seguir adelante. He aceptado la encomienda, no puedo decir que sin temores, pero con una enorme gratitud y orgullo hacia quienes han ofrendado su vida en busca de un mundo mejor para todos; tengo la cabeza erguida y la vista puesta en el porvenir...

Mis palabras fueron interrumpidas por un cálido aplauso que rompió la tensión y tu radiante imagen se hizo presente en mi mente. Esperé unos instantes para disfrutar al máximo de tu recuerdo y expliqué:

«El trabajo que recibieron para su revisión se titula...».

Las luces del recinto se atenuaron de manera gradual y la primera diapositiva apareció en la pantalla gigante.

EL ARTE DEL BUEN GOBIERNO

Tuvo por objetivo:

Identificar claramente los principios básicos para un correcto ejercicio del liderazgo y proveerlos de un marco organizador que los haga accesibles a cualquier persona. Se fundamentó en tres nuevas bases (capítulo 1):

1. La definición de un nuevo destinatario:
   Cualquiera de los muchos personajes ordinarios de liderazgo local.

2. La construcción a partir de nuevos cimientos:

   a. El liderazgo no es una facultad abstracta recibida de manera innata.
   b. No se puede enseñar, únicamente se puede aprender.
   c. Tampoco está reservado para unos cuantos personajes extraordinarios.

3. La observación directa desde el sitio mismo del ejercicio del verdadero liderazgo
   En este caso, Le Tour de France, una de las competencias deportivas por equipos más demandantes que existen.

Mencioné que se identificaron quince principios básicos de liderazgo y que se clasificaron en tres grandes conjuntos que constituyeron el marco organizador:

1. Principios relativos a la conformación del equipo:
   Aquellos elementos indispensables para comprender el camino a seguir e identificar al equipo con su meta.

2. Principios relativos a la conducción del equipo:
   Aquellos elementos útiles para facilitar el desempeño de un equipo que busca alcanzar una meta.

3. Principios relativos al contenido del líder:
   Aquellos elementos propios del individuo que constituyen su activo y determinan su potencial.

A continuación detallé cada uno de ellos:

1. Principios relativos a la **conformación del equipo**:
   Es indispensable buscar el **cumplimiento** de la meta:

La meta (capítulo 2)

Los pasos (capítulo 4)

El resultado (capítulo 5)

El trabajo en equipo (capítulo 6) [1&2]

[1&2] Este principio pertenece también al segundo conjunto.

2. Principios relativos a la **conducción del equipo**:
   Es indispensable buscar la **convergencia** de los integrantes del equipo.

El trabajo en equipo (capítulo 6) [1&2]

El poder (capítulo 7)

La motivación (capítulo 8)

El mandato (capítulo 9)

El estímulo (capítulo 10)

La decisión (capítulo 11)

El estilo (capítulo 12) [2&3]
[1&2] Este principio pertenece también al primer conjunto.
[2&3] Este principio pertenece también al tercer conjunto.

3. Principios relativos al **contenido del líder:**
    Es indispensable buscar la **congruencia** del líder.

El estilo (capítulo 12) [2&3]
Las habilidades (capítulo 13)
Los valores (capítulo 14)
Las virtudes (capítulo 15)
El pensamiento (capítulo 16) [3&1]
[2&3] Este principio pertenece también al segundo conjunto.
[3&1] Este principio pertenece también al primer conjunto.

También establecí que se identificó un importante principio unificador:

El principio que **integra al resto de los principios y les brinda jerarquía:**

La visión (capítulo 17) [1&2&3]
[1&2&3] Este principio abarca a los tres conjuntos.

Y resumí diciendo que:

El arte del buen gobierno se perfecciona y actualiza cuando:

1.   El contenido del líder es **congruente.**
2.   La conducción del equipo es **convergente.**
3.   La conformación del equipo permite **cumplir con la meta y**
4.   Existe una visión amplia que integra y brinda jerarquía.

Al término de mi exposición ya tenía más calma, justo a tiempo para cuando se abrió la posibilidad de preguntas y aclaraciones.

El primer diplomático en pedir la palabra fue de China, quien me preguntó:

Con relación a lo que se nombra como *las tres nuevas bases* que fundamentan la propuesta; si el trabajo habla de *nuevas bases,* eso significa que debe haber viejas bases, ¿cuáles serían estas y qué ventajas ofrecen las que este trabajo utilizó?

Le expresé que las nuevas bases contrastan con las viejas bases por lo siguiente:

1. Respecto al destinatario: la vieja base hace que las investigaciones estén dirigidas solamente a un selecto grupo de individuos, que en algún momento del trabajo se nombran «los constructores de la macrohistoria»; mientras que *la nueva base pretende que cualquier persona pueda sacar provecho del material,* es decir, los millones de constructores de la microhistoria. La ventaja, por tanto, es el alcance que puede tener la obra.

2. Respecto a los cimientos: la vieja base considera al liderazgo como una facultad recibida de manera innata, es decir, los que nacen con ella son privilegiados, mientras que el resto tiene su destino limitado. *La nueva base, por el contrario, establece que el liderazgo es una pericia que puede desarrollarse a través del aprendizaje y que todos lo ejercemos en algún momento de nuestras vidas.* La ventaja radica en eliminar la creencia en el líder por nacimiento y ofrecer la posibilidad de superarse a todos esos numerosos constructores de la microhistoria.

3. Respecto al sitio de estudio del ejercicio del liderazgo: la vieja base toma como referencia a la empresa, la política o la sociedad, mientras que *la nueva base propone aprender de la milicia, el arte grupal o el deporte en equipo, actividades en las que es más evidente la imposibilidad de que el líder suplante el trabajo de uno o varios de los miembros de su equipo.* La ventaja es que se evita la contaminación por invasión de funciones y responsabilidades y, por lo tanto, el estudio del ejercicio del liderazgo se vuelve más fácil de comprender y de aplicar.

El funcionario agradeció mi explicación y enseguida intervino un diplomático de Rusia preguntando: «¿Cuál es la recompensa más grande que puede esperar un líder?».

Reflexioné un momento y le contesté con seguridad:

La recompensa más grande que puede esperar un líder es la trascendencia. Trascender significa traspasar de manera permanente las fronteras del espacio o del tiempo. Cuando un líder traspasa la frontera del espacio e impacta a otras personas de manera permanente, ha trascendido, y también lo ha hecho cuando traspasa la frontera del tiempo e impacta a otras generaciones de manera permanente. Si esas otras personas y generaciones pertenecen a la humanidad entera, se convierte en un personaje extraordinario de liderazgo mundial que está construyendo la macrohistoria. Pero si esas otras personas y generaciones pertenecen a su círculo inmediato, se convierte en uno de los muchos personajes ordinarios de liderazgo local forjadores de la microhistoria. A final de cuentas, e independientemente del alcance del impacto, lo fundamental es lograr la trascendencia.

El tercer diplomático en tomar la palabra fue un representante del Reino Unido que me formuló una pregunta que de seguro te hubiera encantado responder a ti: «¿Por qué se ha definido al liderazgo como *el arte del buen gobierno*?».

Tratando de articular una respuesta en tu peculiar estilo contesté:

En el sentido más filosófico, *la palabra «arte» comprende el conjunto de reglas idóneas para ejercer una actividad. El vocablo buen, es derivado de bondad que significa la excelencia de un objeto cualquiera, y el término gobierno se refiere a la función de conducir individuos. De esta manera —concluí con convicción—, el trabajo resume lo que debe ser el liderazgo: «el conjunto de reglas idóneas para conducir individuos con excelencia».*

Al parecer no había más preguntas, por lo que el moderador intervino:

A nombre de la Asamblea le doy las gracias por su exposición y sus aclaraciones, y le pido que permanezca unos instantes más en el estrado —giró su cuerpo hacia el auditorio y continuó diciendo—. Le solicito a todos los presentes tengan la amabilidad de ejercer su derecho a voto electrónico. La propuesta a votar consiste en la publicación en todos los idiomas del trabajo que ha sido presentado y discutido.

Comenzó a escucharse un ligero barullo y los votos electrónicos empezaron a fluir hacia la computadora central. Empecé a respirar de manera agitada, los nervios me consumían, quería gritar y tuve que hacer un gran esfuerzo para no morderme las uñas.

De pronto, una vez más tu imagen irrumpió en mi mente y me brindó la tranquilidad que necesitaba al darme la certeza de que a pesar de tu ausencia te encontrabas junto a mí más presente que nunca. Por un instante perdí la noción del espacio y del tiempo. Te imaginé dándome la mano y acompañándome en esos tensos momentos que se me hicieron eternos.

Después de unos minutos el conteo estuvo terminado y la computadora central entregó el resultado a través de la pantalla gigante. Casi brinco de júbilo al ver la leyenda. ¡Propuesta aprobada por unanimidad!

La Asamblea se desbordó en un sonoro aplauso, mientras varios de los diplomáticos comenzaron a ponerse de pie; el resto siguió su ejemplo. Mi emoción era enorme, no pude contenerme más y comencé a llorar de alegría. Las palmas no dejaban de fluir.

Extendí mis brazos al frente en señal de agradecimiento. Vi al señor Felguérez y su esposa aplaudiendo exaltados. Crucé los brazos sobre mi pecho e incliné mi cabeza. La ovación incrementó su magnitud. Llevé mis manos a la boca, envié un beso a los presentes y otro más fuerte lo dirigí al cielo esperando que te llegara.

Una de las edecanes me ofreció un arreglo floral y me ayudó a bajar del estrado. Al momento de abandonar la tribuna, me llamó la atención el comentario de un conductor televisivo:

¡Esto es increíble! ¡Escuchen la despedida que le brinda el auditorio a la señora Miravalle! Hace mucho tiempo que la Asamblea General de las Naciones Unidas no le regalaba una ovación tan cálida y prolongada en señal de admiración y solidaridad a una gran dama....

Así fue como ocurrió todo, como en un sueño placentero.

Pero la manera de saber que no era un dulce sueño fue cuando me percaté de que no estabas a mi lado. Y aunque sé que tarde o temprano estaremos nuevamente reunidos, toda esta parte de la historia hubiera sido mucho más bella contigo.

Agradezco a Dios por haberte dado la fortaleza necesaria para perseverar en tu encomienda, para no claudicar en tus convicciones, para darnos la esperanza en los momentos más críticos y por permitirnos ver la luz al final del camino.

Y aunque no debemos cantar victoria, pues los tiempos difíciles todavía no terminan, quiero decirte con todo mi corazón que te felicito, te admiro, te respeto y te amo.

Tuya por siempre...

CONCLUSIÓN

Un reto es una provocación que, en el sentido de nuestro libro, pretendo que sea aceptado y que se convierta en una oportunidad de crecimiento personal, particularmente en el tema de liderazgo integral. Es por eso que, haciendo una correcta utilización de los principios básicos de liderazgo, nuestro desempeño al frente de cualquier equipo de personas debe estar mejorando sustancialmente.

Hasta el día de hoy hemos recorrido juntos un total de diecinueve capítulos y, antes de proceder a conquistar los últimos párrafos de nuestra travesía, es interesante en este momento hacer presente a uno de los grandes líderes deportivos de todos los tiempos: el barón Pierre de Coubertin, deportista y educador francés, a quien se deben los Juegos Olímpicos de la era moderna.

En 1894, Coubertin convocó un congreso en París del que surgió el Comité Olímpico Internacional (COI) y la reinstauración de los Juegos Olímpicos «de un modo moderno, pero ajustándose en lo posible a la antigüedad clásica». El comité, con el apoyo de organizaciones deportivas y personalidades de varios países, redactó los principios competitivos —el antecedente de la Carta Olímpica—, y eligió a Atenas como sede de los primeros juegos de la era moderna. El evento tuvo lugar en la primavera de 1896 y, desde entonces, se han venido celebrando cada cuatro años, con las únicas interrupciones de 1916, 1940 y 1944, a causa de las dos guerras mundiales.

Pues bien, una vez hecha la referencia obligada a Coubertin, a continuación te presento los que considero que son los cuatro retos más importantes de un líder integral que, correctamente resueltos, sin duda se convierten en grandes oportunidades:

Las decisiones

Las decisiones más importantes que un líder integral debe tomar:

- Definir la meta: si es que él es el responsable de hacerlo.
- Designar al jefe del equipo: su brazo derecho, su hombre de confianza y, al final, su sucesor.
- Establecer la estrategia a seguir: elegir la combinación de recursos más prometedora para cumplir con la meta establecida.

La cualidad

La cualidad más importante que un líder integral debe tener:

- Congruencia: ser congruente entre lo que se piensa, lo que se dice y lo que se hace.

La recompensa

La recompensa más grande que un líder integral puede esperar:

- Trascendencia: traspasar de manera permanente las fronteras del espacio o del tiempo.

La medida del éxito

La medida del éxito de un líder integral radica en su capacidad para lograr resultados extraordinarios con personas ordinarias.

No todos tenemos el privilegio de estar al frente de «el mejor equipo olímpico de todos los tiempos» encabezado por los basketbolistas Michael Jordan, «Magic» Johnson, Larry Bird y Charles Barkley, conocido en Barcelona 1992 como el «Dream Team», que ganó todos sus encuentros por una diferencia mayor a treinta y dos puntos; lo normal es que los integrantes de nuestro equipo sean personas promedio que, con un acertado liderazgo, puedan conseguir logros espectaculares tal como lo hizo el equipo de ciclismo español Kelme en el *Tour* de Francia de 2001.

Ten presente que los retos del líder son cuatro: *las decisiones, la cualidad, la recompensa* y *la medida del éxito*, y que tú puedes ser un mejor líder si los grabas en tu mente y siempre los tomas en cuenta para actuar.

NOTAS

Introducción

1. José Manuel Vega Báez, *Rumbo a la cima* (México D.F.: Ediciones Liderazgo Internacional: Selectas Diamante, 2002).

Capítulo 2

1. En esta edición del *tour* compiten cuatro equipos españoles: Banesto, Euskatel, Kelme y ONCE. De los veintiún equipos que participan, ocho son franceses, cuatro españoles, tres italianos, dos belgas, un alemán, un danés, un holandés y un estadounidense.

Capítulo 3

1. La designación de Ciudad de Arte y de Historia la hace el Ministerio de Cultura Francés.
2. «Sprint» (embalaje o demarraje) es el rápido aceleramiento de los ciclistas que disputan una meta, con el que se alcanza la máxima velocidad en distancias menores a quinientos metros.
3. La Costa de Ópalo se extiende por todo el norte de Francia, desde la bahía de la Somme en la región de Picardía hasta la frontera con Bélgica y es bañada por las frías aguas del Canal de la Mancha.

Capítulo 8

1. La ruta de los vinos es un recorrido de 180 kilómetros a través de poblados vinateros.
2. El grado de dificultad de un ascenso depende de su longitud y de su pendiente. Los más sencillos se identifican como puertos de montaña de nivel cuatro y enseguida vienen, en orden progresivo de dificultad, los puertos de montaña de nivel tres, dos y

uno. Existe un grado de dificultad suprema exclusivo de algunas cuestas que se identifican como HC, *Hors Catégorie* o *High Climbing*.

Capítulo 11
1. «Prometeo trae el fuego a la humanidad» (1958), del pintor mexicano Rufino Tamayo (1899-1991).
2. «La pared del sol» (1958), del pintor Joan Miró (1893-1983) y el ceramista Josep Llorens (1892-1980), ambos españoles.

Capítulo 14
1. El corredor italiano Fabio Casartelli, del equipo Motorola, sufrió una caída mortal en el descenso del *Porter d'Aspet* durante el *Tour* de 1995. En el sitio hay un monumento erigido en su memoria.

Capítulo 15
1. El filósofo griego Demócrito (460-370 A.C.), fue el último de los grandes presocráticos.
2. El filósofo griego Aristóteles (384-322) A.C., fue el más famoso discípulo de Platón.

Capítulo 16
1. El *pensamiento* monodisciplinario busca la solución de problemas a través de la utilización de una disciplina específica.
2. El *pensamiento* multidisciplinario busca la solución de problemas a través de la utilización de dos o más disciplinas, sin que estas sean modificadas o enriquecidas.
3. El *pensamiento* interdisciplinario busca la solución de problemas a través de la reciprocidad de intercambios entre varias disciplinas, dando como resultado el enriquecimiento mutuo.
4. El *pensamiento* transdisciplinario busca la creación de una «supradisciplina», es decir, un conjunto de disciplinas que, al actuar de manera coordinada, pierdan las fronteras entre ellas y permitan entonces atacar cada tipo de problema de manera particularmente original.

Capítulo 17
1. Término que significa «poblado nuevo».

Capítulo 18
1. El 22 de octubre de 2012 la Union Cycliste Internationale (UCI) determinó despojar a Lance Armstrong de este y otros triunfos.
2. Pay de queso lorenesa: tarta de harina horneada rellena de una mezcla de huevos, nata agria, trocitos de tocino, trocitos de queso Emmental, perejil y pimentón.
3. Sopa de cebolla gratinada: preparada con cebollas amarillas, consomé de pollo, champagne, cognac, mostaza, queso parmesano y pan francés.

4. Filete de res Stroganoff: generosa porción de filete de res preparado con mantequilla, cognac, champiñones, ajo, consomé de pollo, crema ácida y eneldo.

5. Legumbres a la mantequilla: guarnición de verduras cocidas que puede incluir, entre otras, ejotes, chícharos, zanahorias, brócoli y coliflor, aderezadas con mantequilla, pimienta y jugo de limón.

6. Crepas Suzette: finísimas tortitas de masa elaboradas con poca harina y mucho huevo, preparadas con mantequilla, azúcar, jugo de naranja y Grand Marnier, flameadas con Marrasquino y cubiertas de almendras.

ACERCA DEL AUTOR

José Manuel Vega Báez nació en la Ciudad de México en 1962. Está casado, tiene tres hijos y gusta del deporte. Con doce libros sobre el tema de liderazgo, es el escritor de habla hispana más prominente en esta materia, de la cual es conferencista internacional. Cuenta con treinta y seis años de experiencia como empresario y ha desempeñado diversos cargos directivos en la iniciativa privada, el sector público, organizaciones deportivas e instituciones educativas.

Como consejero y consultor, ha intervenido en varias organizaciones mexicanas y trasnacionales. Ha escrito decenas de artículos y veinte libros, cinco de ellos best sellers en México. Desde hace veintiocho años es catedrático a nivel de licenciatura, maestría y doctorado en el área de gestión de sistemas organizacionales en diversas instituciones latinoamericanas de gran prestigio.

En 1992 recibió el grado de doctor en administración, habiendo cursado los estudios de maestría en sistemas, maestría en dirección de empresas, licenciatura en sistemas y los diplomados en negocios deportivos, asesoría educativa, humanismo integral y alta dirección. Actualmente es socio director de Serie Cima, firma especializada en liderazgo (www.seriecima.com).

Su obra completa incluye los siguientes títulos:

Modelo de estudio curricular postmaestría en el área de sistemas
(1991)
Introducción al estudio del pensamiento transdisciplinario
(1992)
Creatividad e innovación en la administración (1993)
Un rostro incompleto (1994)
Diseño del sistema de información de una empresa (1995)
Secretos de empresa (1995)
Modelación estructural de sistemas (1996)
Primera guía de acciones emprendedoras (1998)
Rumbo a la cima, novela para el nuevo líder (2002)
¿Ya encontraste tu queso?, un cuento para nuevos líderes (2005)
Un líder para México 2006 (2006)
Propuesta para la valoración del nivel de liderazgo en funcionarios públicos de alto perfil (2007)
La Biblia de la motivación, obra en coautoría (2008)
Liderazgo en tiempos de crisis (2009)
Lecciones de liderazgo de los directores técnicos del Mundial
(2010)
Adriana, un relato de liderazgo juvenil (2011)
250 cápsulas de liderazgo (2012)
Liderazgo en la cumbre, obra en coautoría (2012)
Liderazgo: diez años de aportaciones (2012)
Rumbo a la cima 10: sé un líder de alto desempeño (2013)